Мы говорим по-русски

Wir sprechen Russisch

*Fernsehkurs –
Texte und Übungen*

Max Hueber Verlag

Lizenzausgabe des vom Kollektiv
Русский язык по телевидению entwickelten
«Телекурс: Мы говорим по-русски, 9 класс»
© 1973 Volk und Wissen, Volkseigener Verlag, Berlin

ISBN 3-19-00.4429-5
1. Auflage 1975
© 1975 Max Hueber Verlag München
Zeichnungen: Herbert Horn, München
Satz und Druck: Akademische Buchdruckerei, München
Printed in Germany

Inhaltsverzeichnis

    Einleitung 5
    Bildnachweis 6
I. Григорий возвращается домой 7
    2a. Sprechübung: «Am Fahrkartenschalter».
II. В парке культуры 13
    1a. Strukturübung: «Мне хочется ...».
III. В бюро Аэрофлота 19
    3a. Sprechübung: «Flugplanauskunft».
IV. В аэропорту Домодедово 24
    2a. Strukturübungen: «Я лечу в...»; «Самолёт вылетает из Москвы в... ч.... м.».
    3a. Strukturübung: «От... до... самолёт летит... ч.».
V. Старые друзья 30
    2a. Sprechübung: «Nowosibirsk».
    3a. Strukturübung: «Я интересуюсь ...».
VI. В командировке в Новосибирске 36
    2a. Strukturübung: «Свежая 'Правда' есть»
    2б. Strukturübung: «Дайте мне, пожалуйста, 'Правду'».
    3a. Strukturübung: «У меня нет ...».
VII. В Академгородке 43
    4a. Strukturübung: «Он учится ходить на лыжах».
    4б. Strukturübung: «Они ходят по парку».
VIII. Зимний день в Сибири 50
IX. В Ташкенте 54
    3a. Sprechübung: «Taschkent».
X. В ресторане 60
    1a. Strukturübung: «Я поздравляю вас с ...».
    2a. Sprechübung: «Bestellung im Restaurant».
    2б. Sprechübung: «Bestellung im Restaurant».

| XI. Экскурсия на Ташкентское море | 67 |

| XII. В универмаге | 73 |

    2а. Strukturübung: «Скажите, пожалуйста, где находится...?»
    4а. Strukturübung: «Можно примерить...?»
    6а. Strukturübung: «Я возьму этот альбом. Он мне нравится.»

| XIII. В Берлине | 79 |

    3а. Strukturübung: «Хотите осмотреть...?»

| XIV. Берлинские строители в Москве | 86 |

    3а. Sprechübung: «Moskau».
    3б. Strukturübung: «Вы ещё познакомитесь с...».

| XV. В молодёжном клубе | 90 |

    2а. Strukturübung: «Разрешите представить вам...».

| XVI. На строительстве в Таджикистане | 95 |

    2а. Strukturübung: «Вы можете гордиться...».

| XVII. В московском телецентре | 100 |

    1а. Sprechübung: «Fernsehprogramm»; Strukturübung: «Какие передачи вам нравятся?»

| XVIII. На стадионе | 106 |

    1а. Strukturübung: «Каким видом спорта вы занимаетесь летом? Летом я играю в теннис».

Wörterverzeichnis 112

Einleitung

Das vorliegende Buch wendet sich an Russischlernende, die etwa 3–4 Jahre Russischunterricht an allgemeinbildenden Schulen bzw. 2–3 Jahre an Volkshochschulen oder ähnlichen Einrichtungen absolviert haben. *Wir sprechen Russisch* enthält Texte und Übungen des gleichnamigen Fernsehkurses sowie ein nach Lektionen unterteiltes russisch-deutsches Wörterverzeichnis.

Texte

Während überleitende oder landeskundliche Erklärungen der Fernsehkurslektorin stark gekürzt bzw. gestrichen wurden, sind die Dialoge des Fernsehkurses fast unverändert übernommen worden. Dadurch wird erreicht, daß der natürliche Verlauf einer Dialogszene nicht durch ein – im Film weniger störendes – Auftreten der Lektorin unterbrochen wird.

Um dem Selbstlerner das Nacharbeiten der Lektionen zu erleichtern, wurde in diesem Buch bewußt von der für Fortgeschrittenenkurse üblichen Methode abgegangen, d. h. sämtliche Texte sind mit Betonungszeichen versehen.

Übungen

Da im Fernsehkurs die Korrektur der Lernenden in den meisten Fällen nur mündlich erfolgt, wurde in dieses Begleitbuch auch ein Schlüssel zu den Übungen aufgenommen.

Die einzelnen Übungen sind zweispaltig gedruckt, wobei auf der linken Seite die Aufgabenstellung und darunter ein «......» erscheint als Hinweis, daß hier der Lernende zu sprechen beginnen soll. Auf Höhe der Punktreihe «......» erscheint in der rechten Spalte die auch im Film gegebene Musterlösung. Durch Abdecken der rechten Spalte läßt sich so die Eigenkontrolle leicht durchführen.

Grammatik

In das Buch selbst wurden keine grammatischen Erläuterungen aufgenommen. Es empfiehlt sich, je nach Kenntnisstand des Lernenden eine lehrbuchunabhängige Grammatik hinzuzuziehen; beim Nachschlagen wird die im Inhaltsverzeichnis gegebene Auflistung der geübten Strukturen eine Hilfe sein.

Wörterverzeichnis

Im russisch-deutschen Wörterverzeichnis am Schluß des Buches finden sich weniger häufige Wörter sowie sprachlich schwierige Wortverbindungen, unter anderem auch alle im Anhang von *Russisch für Sie 3* (Hueber-Nr. 4416) nicht aufgeführten Wendungen. Verben sind unter dem im Text vorkommenden Aspekt eingetragen, der zugehörige Aspektpartner wird im Verzeichnis angegeben.

Bildnachweis

S. 7, Moskau: Der weißrussische Bahnhof (Presseagentur Nowosti, APN; Köln)
S. 13, Moskau: Im Gorki-Park (Presseagentur Nowosti, APN; Köln)
S. 19, Moskau: Am Inlandschalter (Presseagentur Nowosti, APN; Köln)
S. 24, Der Taxifahrer W. Ryschkin nimmt einen Anruf entgegen (Presseagentur Nowosti, APN; Köln)
S. 30, Nowosibirsk (Presseagentur Nowosti, APN; Köln)
S. 37, Am Zeitungskiosk (Presseagentur Nowosti, APN; Köln)
S. 43, Akademgorodok (Presseagentur Nowosti, APN; Köln)
S. 50, Winter in Sibirien (Presseagentur Nowosti, APN; Köln)
S. 55, Taschkent: Ein neues Hotel wird gebaut (Presseagentur Nowosti, APN; Köln)
S. 60, Im Restaurant (Presseagentur Nowosti, APN; Köln)
S. 70, In der Teestube (Presseagentur Nowosti, APN; Köln)
S. 73, Moskau: Im Kaufhaus (Presseagentur Nowosti, APN; Köln)
S. 79, Berlin (DDR): Unter den Linden (Bilderdienst Süddeutscher Verlag; München)
S. 86, Moskau: Der Rote Platz (Presseagentur Nowosti, APN; Köln)
S. 92, Diskussionszirkel «Zeit und Denken» (Presseagentur Nowosti, APN; Köln)
S. 95, Damm eines Wasserkraftwerks (Presseagentur Nowosti, APN; Köln)
S. 100, Fernsehturm in Ostankino (Presseagentur Nowosti, APN; Köln)
S. 106, Moskau: Abschluß des Eröffnungsfestes der IV. Spartakiade (Presseagentur Nowosti, APN; Köln)

I. Григорий возвращается домой

Григорий Васильевич Филатов — инженер. Он работает в Москве на строительном комбинате.
Сегодня Григорий филатов возвращается из Берлина домой — в Москву.

1. В вагоне поезда Берлин — Москва

Гриша: Как я вам уже рассказывал, я был в Германской Демократической Республике две недели.
Пассажир: Две недели? А что вы делали в ГДР?
Гриша: Я был в Берлине на конгрессе строителей. А сейчас меня ждёт новая интересная работа. Через несколько недель я еду в Новосибирск, а потом в Узбекистан.
Пассажир: Интересно! А что вы там будете делать?
Гриша: Буду собирать материал о рационализации технологических процессов. Наш комбинат работает над проблемами эффективности производства.

Пассажир: А ваша семья́ живёт в Москве́?
Гриша: Да.
Пассажир: Пожа́луйста.
Гриша: Спаси́бо. А я вам могу́ показа́ть фотогра́фии. Это Ве́ра — моя́ жена́. Она́ рабо́тает в шко́ле учи́тельницей неме́цкого и англи́йского языко́в.
Пассажир: Симпати́чная! А дети у вас есть?
Гриша: Есть: сын Андре́й и дочь Све́та. Вот Андрю́ша. Ему́ семь лет. Он у́чится в пе́рвом кла́ссе. А это Све́та. Ей ещё то́лько 5. Они́ уже́ ждут меня́. Хорошо́, что мы ско́ро бу́дем в Москве́.

2. Белору́сский вокза́л — платфо́рма но́мер 3

Вера: Четвёртый вагон. Седьмо́й, шесто́й, пя́тый, четвёртый! Гри́ша!
Гриша: Ве́ра!
Вера: Здра́вствуй! Я так ра́да!
Гриша: Я то́же о́чень рад! О, каки́е краси́вые цветы́! Большо́е спаси́бо.
Пассажир: До свида́ния. Всего́ до́брого.
Гриша: До свида́ния. Ну, как вы жи́ли без меня́? До́ма всё в поря́дке? Как де́ти?
Вера: Всё хорошо́, Гриша. Андре́й и Све́та уже́ ждут тебя́.
Гриша: До́ма?
Вера: Да. Я прие́хала на вокза́л пря́мо из шко́лы.
Гриша: Возьмём такси́?!
Вера: Коне́чно!

2а. Упражне́ние

Приме́р:

Молодо́й челове́к: Да́йте мне, пожа́луйста, два биле́та на вто́рник до Ми́нска.
Продавщи́ца: На у́тро и́ли на ве́чер?
Молодо́й челове́к: На у́тро.
Продавщи́ца: В како́й вагон, в мя́гкий и́ли в жёсткий?
Молодо́й челове́к: В мя́гкий.
Продавщи́ца: Два биле́та до Ми́нска, на вто́рник у́тром, в мя́гкий вагон, пожа́луйста.
Молодо́й челове́к: Ско́лько с меня́?
Продавщи́ца: С вас 15 рубле́й 50 копе́ек.

А тепе́рь вы бу́дете покупа́ть биле́ты. Купи́те два биле́та до Ми́нска на суббо́ту у́тром!
. . . . . .

Два биле́та до Ми́нска на суббо́ту у́тром / Да́йте мне до Ми́нска два биле́та на суббо́ту у́тром.

Продавщи́ца: В мя́гкий или в жёсткий ваго́н?
(Купи́те биле́ты в мя́гкий ваго́н.)
. . . . . .

В мя́гкий ваго́н.

Хорошо́! А тепе́рь купи́те три биле́та до Ми́нска на вто́рник у́тром!
. . . . . .

Да́йте мне три биле́та до Ми́нска на вто́рник у́тром.

Продавщи́ца: В мя́гкий или жёсткий ваго́н?
(Купи́те биле́ты в жёсткий ваго́н.)
. . . . . .

В жёсткий ваго́н.

Продавщи́ца: Вот ва́ши биле́ты. Ваго́н но́мер 10, 8-ое, 9-ое и 10-ое места́. Пожа́луйста.
Спроси́те, ско́лько вы должны́ заплати́ть!
. . . . . .

Ско́лько с меня́? / Ско́лько сто́ят биле́ты?

Продавщица: 7 рублей, 80 копеек.

3. Ве́ра и Гри́ша

Вера: Ну, расскажи́, Гриша, как ты провёл вре́мя в ГДР?
Гриша: Конгре́сс был интере́сный. Неме́цкие това́рищи встре́тили меня́ о́чень тепло́. Познако́мили меня́ с но́выми заво́дами, фа́бриками, с больши́ми хими́ческими комбина́тами недалеко́ от го́рода Га́лле. Я мно́го фотографи́ровал. Ви́дел но́вые райо́ны Берли́на, Дре́здена, Ле́йпцига.
Вера: Мину́тку, Гриша! Об э́том расскажи́ лу́чше до́ма. Де́тям, наве́рно, то́же интере́сно бу́дет узна́ть побо́льше о твое́й пое́здке.

Гриша: Конечно, Вера. Ну, что нового дома?
Вера: Всё в порядке! Дети чувствуют себя хорошо!
Гриша: Андрею нравится школа?
Вера: Очень. Он уже умеет читать и писать несколько букв и слов.
Гриша: А Света?
Вера: Она часто говорила о тебе. Хотела узнать, что ты делаешь за границей. Твои открытки с видами Берлина ей очень понравились. Мне, конечно, тоже! А что это?
Гриша: Подарки детям. Это настоящий берлинский мишка для Светы. А это футбольный мяч для Андрея.
Вера: Очень хорошие подарки.
Гриша: А для тебя у меня тоже есть подарок. Но он в чемодане.
Вера: Ну, хорошо!
Гриша: А что ещё нового?
Вера: Позавчера звонили с комбината и сказали, что твоя поездка в Новосибирск начнётся на две недели раньше.
Гриша: А почему мы едем на две недели раньше?
Вера: Не знаю. В понедельник с тобой будет говорить директор. Сейчас на комбинат пришло несколько молодых инженеров. Они в этом году окончили институт. Один из них поедет с тобой в Новосибирск.
Гриша: Молодой инженер? Из института? Очень интересно.
Вера: В понедельник тебе обо всём расскажет директор.
Гриша: В понедельник? До понедельника ещё три дня. Это очень долго. Ведь сегодня ещё только пятница!
Вера: Понимаю, понимаю! Ну, хорошо! Поедем на комбинат?!
Гриша: На несколько минут, Вера!

4. На строительном комбинате

Александр: Татьяна Андреевна, в понедельник вас ждёт директор. Он познакомит вас с Григорием Васильевичем Филатовым. Вы будете вместе работать. Прошу вас прийти в 9 часов утра.
Таня: Хорошо! Я приду! До понедельника! До свидания!
Николай: До свидания!
Александр: До понедельника. О, кого я вижу! Григорий Васильевич! Когда вернулись?
Гриша: Здравствуйте. Прямо с вокзала.
Николай: Здравствуйте!
Виктор: Здравствуй, Гриша! Здравствуйте, Вера Николаевна!

Ве́ра: Здра́вствуйте!
Ви́ктор: Сади́тесь, пожа́луйста!
Ве́ра: Спаси́бо.
Алекса́ндр: Ну, расскажи́те, как бы́ло в ГДР?
Гри́ша: Хорошо́! На конгре́ссе бы́ло о́чень интере́сно. Я узна́л мно́го но́вого. Осо́бенно мне понра́вились . . .
Та́ня: Зна́чит, э́то вы . . . Григо́рий Васи́льевич?
Ви́ктор: Извини́, Гри́ша. Я хочу́ тебе́ предста́вить Татья́ну Андре́евну. Татья́на Андре́евна, познако́мьтесь, пожа́луйста, э́то Григо́рий Васи́льевич Фила́тов.
Та́ня: Мне уже́ мно́го расска́зывали о вас. Я о́чень ра́да, что бу́ду с ва́ми рабо́тать.
Гри́ша: Вы? Мне сказа́ли, что со мной бу́дет рабо́тать молодо́й инжене́р.
Алекса́ндр: Пра́вильно! Татья́на Андре́евна и есть э́тот молодо́й инжене́р.
Та́ня: Мои́ друзья́ зову́т меня́ Та́ня.
Гри́ша: Ве́ра сказа́ла, что пое́здка в Новосиби́рск начнётся на 2 неде́ли ра́ньше . . .
Алекса́ндр: В понеде́льник всё узна́ете. В 9 часо́в у дире́ктора. До свида́ния, Ве́ра Никола́евна.
Ве́ра: До свида́ния. А тепе́рь пойдём домо́й, Гри́ша!
Гри́ша: Татья́на Андре́евна, познако́мьтесь, э́то моя́ жена́.
Ве́ра: О́чень прия́тно.
Гри́ша: Татья́на Андре́евна, а вы уже́ зна́ете, когда́ мы е́дем?
Та́ня: Нет. Я то́же ещё ничего́ не зна́ю.
Гри́ша: Ну, узна́ем в понеде́льник.
Ве́ра: Пойдём домо́й, Гри́ша?
Гри́ша: Пойдём. До свида́ния, това́рищи!
Никола́й: До понеде́льника. До свида́ния.
Гри́ша: А вы како́й институ́т око́нчили?
Та́ня: Моско́вский строи́тельный.
Гри́ша: А на строи́тельстве рабо́тали?
Та́ня: Нет. Ещё не рабо́тала.
Гри́ша: Нам на́до поговори́ть о ва́шей но́вой рабо́те.
Ве́ра: Гри́ша, мо́жет быть, в друго́й раз?
Гри́ша: Коне́чно. За́втра и́ли послеза́втра. Что вы де́лаете за́втра, Татья́на Андре́евна? И́ли послеза́втра, в воскресе́нье?
Ве́ра: Гри́ша, я обеща́ла де́тям, что когда́ ты вернёшься, мы вме́сте пойдём в Парк культу́ры.

Гриша: Хорошо́. В воскресе́нье пойдём с Андре́ем и Све́той в парк.
Та́ня (zu Вера): А у вас есть дети!
Вера: Да, сын и до́чка! Сы́ну семь лет, а до́чке пять. Татья́на Андре́евна, пойдёмте с на́ми в парк? Мы познако́мим вас с Андре́ем и Све́той.
Гриша: Прекра́сно. Там и поговори́м о на́шей рабо́те. Придёте?
Та́ня: Спаси́бо. Приду́.
Вера: Где и когда́ мы встре́тимся?
Гриша: Ска́жем, в 15 часо́в у вхо́да в кафе́ «Времена́ го́да».
Та́ня: Хорошо́! В 15 часо́в у вхо́да в кафе́.
Гриша: До воскресе́нья.
Та́ня: До свида́ния.

5. До́ма

Дети: Па́па! Па́па!
Гриша: Андре́й! Све́та!
Света: Мы так жда́ли тебя́!
Гриша: Здра́вствуйте, мой хоро́шие! Здра́вствуйте, мой дороги́е!
Вера: В маши́не что́-то для вас есть!
Гриша: Посмотри́те! Для кого́ э́ти пода́рки? Как вы ду́маете?
Света: Па́па, э́тот ми́шка мне? Спаси́бо тебе́!
Андрей: Ой, настоя́щий футбо́льный мяч. Спаси́бо! Дава́й, па́па, поигра́ем в футбо́л!
Гриша: Дава́й!
Вера: Ну, возьми́ своего́ ми́шку.

II. В па́рке культу́ры

1. встре́ча

Гриша: Уже́ 3 часа́ 6 мину́т. Татья́на Андре́евна хоте́ла прийти́ в 3 часа́.
Вера: Сего́дня — воскресе́нье!
Гриша: Ну, хорошо́.
Света: Па́па, возьми́ ми́шку.
Вера: Смотри́, Гриша! Татьяна Андреевна идёт.
Таня: Здра́вствуйте!
Вера: Здра́вствуйте!
Гриша: Здра́вствуйте, Татья́на Андреевна! Мы вас уже́ ждём.
Вера: Это на́ши де́ти: Све́та ...
Света: Здра́вствуйте!
Таня: Здва́вствуй, Све́та.
Вера: и Андре́й!
Таня: Здра́вствуй. Меня́ зову́т Та́ня.
Андрей: А меня́ зову́т Андре́й.

Гриша: Татья́на Андре́евна, я сего́дня узна́л, что у нас на строи́тельном комбина́те...
Ве́ра: Пото́м, Гри́ша, пото́м. У вас бу́дет ещё вре́мя поговори́ть о рабо́те.
Све́та: А э́то мой ми́шка. Пода́рок па́пы из Берли́на!
Та́ня: О́чень краси́вый — твой ми́шка!
Све́та: Я его́ о́чень люблю́!
Андре́й: Тётя Та́ня, поката́емся на карусе́ли?
Та́ня: Коне́чно, Андре́й! Ско́лько тебе́ лет, Све́та?
Све́та: Мне пять лет. Я ещё не хожу́ в шко́лу.
Андре́й: Она́ ещё ма́ленькая.
Та́ня: Куда́ тепе́рь?
Гри́ша: Пря́мо.
Та́ня: А ты в како́м кла́ссе, Андре́й?
Андре́й: Я учу́сь в пе́рвом кла́ссе.
Та́ня: Ско́лько тебе́ лет?
Андре́й: Мне семь лет.
Та́ня: А как тебе́ нра́вится в шко́ле?
Андре́й: О́чень нра́вится.
Све́та: Смотри́, па́па, смотри́!
Гри́ша: Дава́йте, я вам помогу́.
Та́ня: Спаси́бо. Смотри́те!
Андре́й: Что там? А вы лю́бите спорт?
Та́ня: Да, я игра́ю в волейбо́л и занима́юсь лёгкой атле́тикой.
Андре́й: А я игра́ю в футбо́л.
Све́та: А ма́ма игра́ет в те́ннис.
Андре́й: То́лько па́па не занима́ется спо́ртом.
Све́та: Но у па́пы мно́го рабо́ты!
Андре́й: У ма́мы то́же!
Све́та: Я с ма́мой уже́ была́ на спорти́вной площа́дке. Тётя Та́ня, мне хо́чется поката́ться на колесе́.
Та́ня: Пойдём, е́сли ма́ма и па́па не возража́ют.
Андре́й: Ма́ма, па́па, мы поката́емся на колесе́?
Гри́ша: Не возража́ю.
Све́та: Па́па, ма́ма, пойдёмте с на́ми!
Гри́ша: Ма́ма пойдёт с ва́ми, а мне ну́жно поговори́ть с Татья́ной Андре́евной.
Андре́й: А мы пойдём с тётей Та́ней.
Ве́ра: Иди́те с тётей Та́ней. А мы с па́пой бу́дем ждать вас здесь!
Све́та: А ми́шка?

Гриша: Твой ми́шка то́же бу́дет ждать тебя́ здесь!
Вера: Де́тям нра́вится Таня. Она́ о́чень симпати́чная.
Гриша: Но она́ то́лько в э́том году́ око́нчила институ́т. А нас ждёт нелёгкая рабо́та.
Вера: Коне́чно. Ты до́лжен ей помо́чь, Гриша.
Света: Бы́ло о́чень хорошо́, мама!
Гриша: Ну как? А тебе́ то́же понра́вилось, Андрей?
Андрей: Коне́чно!
Таня: У вас прекра́сные де́ти, Григо́рий Васи́льевич!
Гриша: Спаси́бо, Татья́на Андре́евна!
Андрей: А куда́ тепе́рь пойдём?
Гриша: В кафе́.
Вера: Хорошо́.
Гриша: Разреши́те вас пригласи́ть в кафе́, Татья́на Андре́евна?
Таня: Не возража́ю.
Вера: Пойдёмте в кафе́ «Времена́ го́да».
Гриша: Пойдём.
Андрей: Папа, а нам не хо́чется идти́ в кафе́!
Света: Нам хо́чется ещё поигра́ть.
Гриша: Хорошо́, поигра́йте. Че́рез 30 мину́т мы вас ждём в кафе́. Кото́рый тепе́рь час на твои́х часа́х, Андрей?
Андрей: 4 часа́.
Гриша: Пра́вильно.
Таня: Света, это тебе́.
Света: Спаси́бо.
Таня: А это тебе́, Андрей.
Андрей: Спаси́бо. Папа, мы обеща́ем верну́ться че́рез полчаса́.
Вера и Гриша: Хорошо́!

1а. Упражне́ние

Приме́ры:

Андре́й: Нам не хо́чется идти́ в кафе́.
Де́вушка: Мне хо́чется поигра́ть.

А тепе́рь скажи́те вы, что хо́чется ма́льчику, де́вушке и.т.д.

Ма́льчик: Мне хо́чется пить.

Де́вушка: Мне хо́чется посмотре́ть телеви́зор.

Молодо́й челове́к: Мне хо́чется игра́ть в волейбо́л.

Хорошо́. А тепе́рь скажи́те, что им не хо́чется.

Молодо́й челове́к: Мне не хо́чется игра́ть в те́ннис.

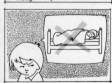

Ребёнок: Мне не хо́чется спать.

Де́вушка: Мне не хо́чется танцева́ть.

2. В ресторане

Гриша: Татья́на Андре́евна, я сего́дня у́тром говори́л по телефо́ну с дире́ктором на́шего комбина́та.
Вера: Гриша!
Гриша: Мы с ва́ми на не́сколько неде́ль пое́дем рабо́тать в Сиби́рь. А из Сиби́ри в Узбекиста́н.
Я узна́л на комбина́те, что мы уже́ че́рез 10 дней должны́ быть в Новосиби́рске. Това́рищи из Новосиби́рского строи́тельного комбина́та уже́ ждут нас ...
Таня: В Новосиби́рск? Это о́чень хорошо́! Недалеко́ от Новосиби́рска нахо́дится Академгородо́к.
Гриша: Пра́вильно.
Таня: А в Академгородке́ рабо́тает мой друг. Вот его́ фотогра́фия.
Вера: О́чень симпати́чный молодо́й челове́к! Он из Москвы́?
Таня: Да. Он то́же учи́лся в на́шем институ́те. И́горь око́нчил институ́т год тому́ наза́д. Ему́ 23 го́да.
Гриша: А вам ско́лько лет?
Таня: Мне? 21 год. Это А́ня, моя́ мла́дшая сестра́. Она́ рабо́тает продавщи́цей.
Вера: А бра́тья у вас есть?
Таня: Есть! Оди́н. Бори́с. Он рабо́тает меха́ником в аэропорту́. А это мой ма́ма и оте́ц.
Гриша: А где рабо́тает ваш оте́ц?
Таня: На автомоби́льном заво́де. А моя́ ма́ма то́же учи́тельница.
Вера: О́чень интере́сно.
Гриша: Спаси́бо. Татья́на Андре́евна, нам на́до ещё поговори́ть о рабо́те в Новосиби́рске и в Ташке́нте!
Света: Ма́ма, ма́мочка!
Андрей: Папа, папа, в па́рке бы́ли тури́сты из ГДР. Смотри́, каки́е краси́вые значки́ они́ нам да́ли. У меня́ 3 значка́.
Гриша: О, краси́вые значки́. Это Берли́н.
Света: А у меня́ то́лько два.
Таня: Мне о́чень нра́вятся ва́ши значки́.
Гриша: Света, смотри́, что у меня́ есть. Этот значо́к то́же из ГДР. Возьми́ его́.
Света: Спаси́бо, папа!
Вера: Андрей, сади́сь.
Андрей: Мама, нам хо́чется пить.
Гриша: Как я вам уже́ сказа́л, че́рез 10 дней мы должны́ быть в

Новосиби́рске. Това́рищи с новосиби́рского строи́тельного комбина́та уже́ ждут нас.
Таня: А что мы там бу́дем де́лать?
Гриша: Наш комбина́т рабо́тает над пробле́мами эффекти́вности произво́дства. В Новосиби́рске мы бу́дем собира́ть материа́л о рационализа́ции технологи́ческих проце́ссов на строи́тельном комбина́те. Вы уже́ бы́ли в Новосиби́рске?
Таня: Нет, ни в Новосиби́рске, ни в Ташке́нте.
Андрей: Я в Сиби́ри то́же ещё не́ был.
Гриша: Татья́на Андре́евна, прошу́ вас купи́ть биле́ты на самолёт.
Таня: Пожа́луйста. На како́е число́?
Гриша: На 20-ое. То́лько не забу́дьте!
Таня: Коне́чно. Не забу́ду.
Вера: А ты, Гриша, не забу́дь, что сего́дня воскре́сенье.

III. В бюро Аэрофлота

1. На станции метро

Андрей: Смотри, мама! Татьяна Андреевна!
Все: Здравствуйте!
Андрей: Вы куда, Татьяна Андреевна?
Таня: Я еду в бюро Аэрофлота за билетами на самолёт в Новосибирск.
Андрей: В бюро Аэрофлота?
Таня: Да. На Ленинградский проспект, на аэровокзал.
Андрей: Татьяна Андреевна, возьмите меня с собой!
Таня: С удовольствием. Если мама не возражает.
Андрей: Можно, мама? Я ещё никогда не был на аэровокзале. Пожалуйста!
Вера: Ну, если Татьяна Андреевна возьмёт тебя с собой...
Таня: Ну конечно, возьму.
Андрей: Ой!

2. На аэровокзале

Здание московского аэровокзала находится на Ленинградском проспекте. Здесь и кассы Аэрофлота, где можно купить билеты на самолёт.
Каждый год миллионы пассажиров летают самолётами Аэрофлота. Самолёты Аэрофлота летают во все концы Советского Союза. Над территорией СССР проходят 600 тысяч километров авиалиний.
В 3600 городов и деревень летают самолёты Аэрофлота. Но не только над СССР летают самолёты с маркой «Аэрофлот». В последние годы советские машины летали в 60 государств Европы, Азии, Африки и Америки. Сейчас число этих государств стало ещё больше.

Андрей: Какой большой зал. Татьяна Андреевна, почему это здание называется «Аэровокзал»?
Таня: Потому что здесь, как на вокзале, можно купить билеты, можно узнать, когда отправляются и прибывают самолёты. Смотри — вот расписание движения самолётов. А это справочное бюро. С аэровокзала ходят автобусы во все аэропорты столицы. Отсюда до аэропорта можно долететь и на вертолёте. Смотри!
Андрей: На вертолёте? Я с папой уже летал на вертолёте.
Таня: А я ещё никогда не летала. Никогда.
Андрей: Ой, посмотрите, Татьяна Андреевна, какая интересная модель!
Таня: Разные типы самолётов.
Андрей: Смотрите, Татьяна Андреевна, ТУ-104.
Таня: Смотри-ка!
Андрей: А это ИЛ-18. Татьяна Андреевна, а вы на каком самолёте полетите?
Таня: Ещё не знаю, Андрей. Смотри, вот ещё модели самолётов. Ты уже видел такие?
Андрей: Конечно. Это всё наши, советские самолёты. Вот, например, — АН-22 и АН-24 Б, конструктор Антонов.
Таня: А самолёты типа ТУ?
Андрей: Конструктора Туполева. ТУ-154, а это ТУ-144.
Таня: А ты знаешь, сколько пассажиров может взять на борт этот самолёт?
Андрей: Сколько?
Таня: 135 пассажиров. Он летает со скоростью 2500 километров в час.
Андрей: А ИЛ-62 сконструировал Ильюшин. Это очень красивый самолёт.

Таня: Ты настоящий специалист, Андрей. Откуда ты всё это знаешь?
Андрей: Это мой дедушка мне всё рассказывает.
Таня: А теперь нужно купить билеты. Вот здесь справа. Продажа билетов на самолёты. Касса работает с восьми до двадцать одного часа. В субботу и воскресенье с 8 до 19 часов. Обед с 14 до 15 часов.
Андрей: Ой, уже 13.30.
Таня: Как много времени. А мне ещё надо пойти в справочное бюро.
Андрей: Идёмте.

3. В справочном бюро аэровокзала

Таня: Здравствуйте! Скажите, пожалуйста, когда отправляются самолёты в Новосибирск?
Служащая: Каждый день отправляется 6 самолётов. Первый вылетает в час ночи, последний в 23 часа 22 минуты.
Таня: А когда первый самолёт прибывает в Новосибирск?
Служащая: В 4 часа 40 минут по московскому времени.
Таня: Спасибо.
Служащая: От Москвы до Новосибирска самолёт ИЛ-62 летит 3 часа 40 минут.
Таня: Скажите ещё, с какого аэропорта отправляются самолёты в Новосибирск?
Служащая: С аэропорта Домодедово.
Таня: Спасибо.
Служащая: Пожалуйста.

3а. Упражнение

Таня и Андрей узнали, когда самолёт отправляется из Москвы и когда он прибывает в Новосибирск. Когда самолёты вылетают из Москвы и когда они прилетают в аэропорт назначения, это, конечно, можно узнать и у расписания движения самолётов. Вон там стоит пожилой человек, который плохо видит.
Помогите ему!

Старик: Я хочу полететь в Ташкент. Скажите, пожалуйста, в какое время вечером летит последний самолёт в Ташкент?
(21.45)
. . . . . .   В 21 час 45 минут.

Старик: Каждый день?
(Да, ...)
......

Да, самолёт вылетает каждый день.
Да, самолёт вылетает ежедневно.

Старик: Из какого аэропорта?
(Домодедово)
......

Из аэропорта Домодедово.

Старик: Вы можете сказать, какой тип самолёта?
(ИЛ-62)
......

Тип самолёта ИЛ-62.

Старик: А когда самолёт прилетает в Ташкент?
(1.35)
......

Он прилетает в Ташкент в 1.35 по московскому времени.

Старик: Большое вам спасибо.

4. Билеты

Таня: Дайте мне два билета на четверг до Новосибирска.
Девушка: На четверг?
Таня: Да, на первый самолёт.
Девушка: На этот рейс билетов нет.
Таня: Нет билетов? А на другие рейсы? Есть ещё билеты до Новосибирска на четверг?
Девушка: Минутку, пожалуйста! Нет, на четверг все билеты проданы.
Таня: Проданы? Не может быть. Посмотрите, пожалуйста, ещё раз. Мы должны вылететь в четверг.
Девушка: Нет, на четверг и на пятницу свободных мест нет.
Таня: А на какой день есть билеты до Новосибирска?
Девушка: Я могу вам предложить билеты на субботу или на воскресенье.
Таня: Нет, это поздно. Что же делать? В четверг мы должны быть в Новосибирске.
Девушка: Не могу вам помочь. Возьмите билеты на субботу!
Таня: Не знаю, что делать.

2-й товарищ: Vielleicht können wir helfen. Wir haben Flugscheine für Donnerstag und wollten sie umtauschen.
Таня: Für Donnerstag? Nach Nowosibirsk? Bitte, ich brauche ...
1-й товарищ: Да, у нас есть два билета на самолёт Москва — Новосибирск на четверг.
2-й товарищ: Рейс 139 ИЛ-62, вылет 13 часов 02 минуты.
Таня: На четверг? Они вам не нужны?
1-й товарищ: Нет. Мы ещё не окончили работу в Москве и поэтому летим в Новосибирск только на следующей неделе. На вторник следующей недели ещё есть места?
Девушка: Есть.
1-й товарищ: Если хотите, мы с удовольствием вам поможем. Возьмите наши места.
Tanja: Vielen Dank! Большое вам спасибо! Как я рада. Не знаю, как благодарить вас!
2-й товарищ: Ну, что вы!
Девушка: Ну, что вы решили, товарищи?
2-й товарищ: Дайте, пожалуйста, наши места этой девушке. А мы летим во вторник следующей недели.
Девушка: Ну, тогда всё в порядке.
Таня: Сколько стоит билет до Новосибирска?
Девушка: В Новосибирск 49 рублей 30 копеек.
Таня: Скажите, пожалуйста, ещё, как проехать в аэропорт Домодедово?
Девушка: Отсюда на автобусе или на такси. До Домодедово от центра города 60 километров. Пожалуйста, вот ваши билеты.
Таня: Благодарю вас. И ещё раз вам большое спасибо!
1-й товарищ: Пожалуйста. Мы были рады вам помочь. Желаем счастливого пути!

IV. В аэропорту Домодедово

1. В такси по дороге в аэропорт

Водитель: Куда вы летите?
Таня: В Новосибирск.
Водитель: Новосибирск хороший город. Я там несколько раз был.
Таня: До аэропорта ещё далеко?
Водитель: Нет. В аэропорту мы будем через несколько минут. А когда вылетает ваш самолёт?
Таня: В 13 часов 02 минуты.
Водитель: А сейчас только 11 часов 30 минут. У вас ещё много времени.
Таня: Хорошо.
Водитель: Вот и аэропорт.
Таня: Сколько с меня?
Водитель: С вас 4 рубля 70 копеек.
Таня: Пожалуйста!
Водитель: Спасибо! Я вам помогу.

2. Встре́ча

Гри́ша: Здра́вствуйте, Татья́на Андре́евна!
Та́ня: Григо́рий Васи́льевич! Вы уже́ здесь! Здра́вствуйте!
Гри́ша: Я прие́хал де́сять мину́т тому́ наза́д.
Та́ня: От це́нтра до аэропо́рта далеко́.
Гри́ша: Вы на такси́ прие́хали?
Та́ня: Да. У нас ещё есть вре́мя?
Гри́ша: Есть. Наш самолёт вылета́ет че́рез час. Ся́дем! Хорошо́, что вы доста́ли биле́ты на сего́дня.
Та́ня: Э́то бы́ло нелегко́.
Гри́ша: Андре́й мне об э́том расска́зывал. Ве́ра и де́ти проси́ли меня́ переда́ть вам приве́т.
Та́ня: Спаси́бо, Григо́рий Васи́льевич!
Гри́ша: У вас большо́й чемода́н.
Та́ня: Да, но он не о́чень тяжёлый.
Гри́ша: Вы зна́ете, что на оди́н биле́т мо́жно взять с собо́й беспла́тно 30 килогра́ммов багажа́?
Та́ня: Коне́чно зна́ю! Мой чемода́н ве́сит приблизи́тельно 20 килогра́ммов.
Гри́ша: Два́дцать?
Громкоговори́тель: Внима́ние, внима́ние! Произво́дится регистра́ция пассажи́ров и оформле́ние багажа́ на самолёт, вылета́ющий 139-м ре́йсом в Новосиби́рск.
Та́ня: Э́то наш самолёт.
Да́льше громкоговори́тель: Регистра́ция произво́дится у 4-й сто́йки.
Та́ня: Де́вушка, здесь регистра́ция на самолёт в Новосиби́рск?
Де́вушка: Да, здесь регистра́ция пассажи́ров на рейс № 139 в Новосиби́рск. Самолёт вылета́ет в трина́дцать часо́в две мину́ты. Ва́ши биле́ты, пожа́луйста!
Та́ня: Мину́тку.
Де́вушка: Ва́ши биле́ты! Сле́дующий, пожа́луйста.
Гри́ша: Мо́жет быть, вы забы́ли биле́ты до́ма?
Та́ня: Нет, э́того не мо́жет быть. Я хорошо́ зна́ю, что в такси́ они́ у меня́ ещё бы́ли.
Гри́ша: Мо́жет быть, они́ оста́лись в такси́?
Та́ня: Нет, я положи́ла их в су́мку, хоте́ла сра́зу вам дать ваш биле́т. А мо́жет быть ... Вот они́!
Гри́ша: Вот на́ши биле́ты, де́вушка.
Де́вушка: Поста́вьте бага́ж сюда́!

Гриша: Мину́точку!
Девушка: 33 килогра́мма. Доплати́те за 3 килогра́мма!
Гриша: Сейча́с. Смотри́те, де́вушка, 52 килогра́мма. Мы лети́м вме́сте в Новосиби́рск.
Девушка: Хорошо́. Всё в поря́дке. Пожа́луйста, ва́ши биле́ты и тало́ны. Свой бага́ж вы полу́чите в Новосиби́рске.
Таня: Спаси́бо большо́е! Су́мку я возьму́ с собо́й.
Девушка: Пожа́луйста.
Таня: А как мы узна́ем, когда́ вылета́ет наш самолёт?
Гриша: По ра́дио объя́вят, когда́ начнётся поса́дка.
Таня: У нас ещё есть вре́мя?
Гриша: Да, есть!
Таня: Дава́йте пойдём в рестора́н.
Гриша: Пойдём!

2а. Упражне́ние

Приме́р:

Куда́ вы лети́те?
(Баку́)
Я лечу́ в Баку́.

А тепе́рь вы!

Я лечу́ в Баку́. Куда́ вы лети́те?
(Ирку́тск)
. . . . . .   Я лечу́ в Ирку́тск.

Куда́ вы лети́те?
(Новосиби́рск)
. . . . . .   Я лечу́ в Новосиби́рск.

Куда́ вы лети́те?
(Ташке́нт)
. . . . . .   Я лечу́ в Ташке́нт.

А тепе́рь отве́тьте, пожа́луйста, во мно́жественном числе́!

Куда́ вы лети́те?
(Алма́-Ата́)
. . . . . .   Мы лети́м в Алма́-Ату́.

Куда́ вы лети́те?
(Братск)
. . . . . .   Мы лети́м в Братск.

*А тепе́рь, пожа́луйста, скажи́те,
когда́ ваш самолёт вылета́ет из
Москвы́!*

Когда́ ваш самолёт вылета́ет из
Москвы́?
(17.40)
. . . . . .   Наш самолёт вылета́ет из Москвы́
                                              в 17 часо́в 40 мину́т.

Когда́ вылета́ет ваш самолёт из
Москвы́?
(14.17)
. . . . . .   Наш самолёт вылета́ет в 14 часо́в
                                              17 мину́т.

Когда́ вылета́ет ваш самолёт из
Москвы́?
(15.47)
. . . . . .   Наш самолёт вылета́ет в 15 часо́в
                                              47 мину́т.

3. В рестора́не аэропо́рта

(На стене́ виси́т плака́т о Ле́йпцигской я́рмарке.)
Та́ня: Посмотри́те! Ле́йпцигская я́рмарка, Герма́нская Демократи́-
ческая Респу́блика.
Гри́ша: Я был в Ле́йпциге. Краси́вый го́род!
Та́ня: Я ещё никогда́ не была́ в ГДР.
Официа́нтка: Я вас слу́шаю.
Гри́ша: Нам, пожа́луйста, 4 бутербро́да и два стака́на ча́ю!
Официа́нтка: Всё?
Гри́ша: Всё.
Официа́нтка: Пожа́луйста.
Та́ня: Я ещё никогда́ не лета́ла!
Гри́ша: Никогда́?
Та́ня: Нет. Сего́дня я лечу́ в пе́рвый раз. Я о́чень ра́да!
Гри́ша: Когда́ я в пе́рвый раз лете́л на самолёте, мне бы́ло 18 лет.
  Я лете́л из Москвы́ в Ленингра́д.

Таня: А сегодня мы летим в Новосибирск.
Гриша: Этот полёт вам, наверное, понравится. Через 3 часа 40 минут мы будем в Новосибирске. Нас ждёт интересная работа.
Таня: А меня ждёт Игорь. Вчера вечером я была на почте и дала телеграмму в Академгородок.
Гриша: В Академгородок?
Таня: Да. Я вам уже рассказывала, что мой друг Игорь живёт в Академгородке.
Гриша: Да. Вы показывали нам его фотографию.
Таня: Смотрите, Григорий Васильевич! ТУ-134 — 72 места, скорость 850 километров в час.
Гриша: Интересно.
Таня: А это ИЛ-62. Этот самолёт может взять на борт 180 пассажиров. ИЛ-62 летает со скоростью 900 километров в час.
Гриша: Вы о самолётах очень много знаете!
Таня: Это мы узнали с Андреем на аэровокзале. Ваш сын хорошо знает все типы советских самолётов.
Гриша: Да, Андрей хочет стать пилотом или космонавтом.
Громкоговоритель: Внимание. Через 10 минут начнётся посадка пассажиров в самолёт, вылетающий рейсом № 139 по маршруту Москва — Новосибирск.
Гриша: Пойдём.
Дальше громкоговоритель: Просим пассажиров пройти к галерее № 2.

3а. Упражнение

От Москвы до Свердловска поезд идёт 29 часов. *А теперь ответьте!* Сколько времени летит самолёт от Москвы до Свердловска?
(2 ч.)
. . . . . .

От Москвы до Свердловска самолёт летит 2 часа.

От Москвы до Новосибирска поезд идёт 2 дня. Сколько времени летит самолёт от Москвы до Новосибирска?
(3 ч. 40 м.)
. . . . . .

От Москвы до Новосибирска самолёт летит 3 часа 40 минут.

От Москвы́ до Ирку́тска по́езд идёт 3 дня. Ско́лько вре́мени лети́т самолёт от Москвы́ до Ирку́тска?
(5 ч. 30 м.)
. . . . . .

От Москвы́ до Ирку́тска самолёт лети́т 5 часо́в 30 мину́т.

От Москвы́ до Хаба́ровска по́езд идёт приблизи́тельно 6 дней. Ско́лько вре́мени лети́т самолёт от Москвы́ до Хаба́ровска?
(8 ч.)
. . . . . .

От Москвы́ до Хаба́ровска самолёт лети́т 8 часо́в.

4. В самолёте

Гриша: Сади́тесь, пожа́луйста. Вы лети́те пе́рвый раз и поэ́тому должны́ сиде́ть у окна́.
Таня: Спаси́бо!
Гриша: Вот ва́ша су́мка! Она́ о́чень тяжёлая!
Таня: Вы сказа́ли, что в Новосиби́рске нас ждёт нелёгкая рабо́та. Ду́маю, что кни́ги мне помо́гут.
Гриша: «Строи́тельство и архитекту́ра»!

V. Старые друзья

1. В аэропорту

Таня: Хорошо, что мы уже в Новосибирске.
Гриша: Ну, как вы себя чувствуете, Таня?
Таня: Прекрасно. Время в самолёте прошло очень быстро. Вы уже перевели свои часы вперёд, Григорий Васильевич?
Гриша: Да, на 4 часа. Самолёт летел 3 часа 40 минут. Вот ваш чемодан, Таня. А вот и мой. Кого я вижу! Этого не может быть! Сергей!
Панкин: Гриша, ты?!
Гриша: Серёжа Панкин! Старый друг!
Панкин: Сколько лет мы не виделись!
Гриша: Семь лет... Конечно, семь лет тому назад мы вместе работали на строительстве в Братске.

Па́нкин: Да, семь лет!
Гри́ша: В то вре́мя я ещё был студе́нтом.
Па́нкин: Мы рабо́тали в одно́й брига́де.
Гри́ша: Ой, прости́те! Познако́мьтесь! Это мой ста́рый друг — Па́нкин, Серге́й Серге́евич, а э́то...
Та́ня: Татья́на Андре́евна Кубряко́ва.
Гри́ша: Ассисте́нтка на на́шем строи́тельном комбина́те.
Па́нкин: Добро́ пожа́ловать в Сиби́рь! Ну, пойдёмте. Да́йте мне ва́шу су́мку, Татья́на Андре́евна!
Та́ня: Отсю́да далеко́ до го́рода?
Па́нкин: Не о́чень. Приблизи́тельно 30 киломе́тров.
Гри́ша: Ну, расскажи́, Серге́й, как ты жил все э́ти го́ды?
Па́нкин: По́сле Бра́тска я верну́лся на ро́дину, в Новосиби́рск. Рабо́таю на строи́тельном комбина́те.
Та́ня: О! Вы настоя́щий сибиря́к!
Па́нкин: Да, я роди́лся и вы́рос в Новосиби́рске. Здесь я учи́лся, здесь я око́нчил шко́лу. Мои́ роди́тели ста́рые сибиряки́.

2. Новосиби́рск

Па́нкин: Мой де́душка прие́хал сюда́ ещё до револю́ции. В то вре́мя э́то был ма́ленький го́род. Он называ́лся Новоникола́евском. Лю́ди жи́ли пло́хо. И то́лько по́сле револю́ции здесь начало́сь большо́е строи́тельство. В го́роде вы́росли больши́е заво́ды и фа́брики, бы́ли со́зданы промы́шленные комбина́ты. Новосиби́рск стал ва́жным це́нтром наро́дного хозя́йства.
Гри́ша: А э́то совсе́м но́вый райо́н.
Па́нкин: Да. Эти многоэта́жные жилы́е дома́, шко́лу и де́тский сад постро́или в после́дние го́ды. А э́то но́вый универма́г.
Гри́ша: А э́то что за зда́ние?
Па́нкин: Это наш цирк. Его́ постро́или совсе́м неда́вно.
Та́ня: А э́то Новосиби́рский вокза́л. Когда́ его́ постро́или?
Па́нкин: Гла́вный вокза́л Новосиби́рска постро́или в 1939 году́. А э́то наш Дворе́ц культу́ры. Сюда́ мы ча́сто прихо́дим по суббо́там или воскресе́ньям. Это оди́н из стадио́нов на́шего го́рода, стадио́н «Спарта́к».
Та́ня: У вас мно́го стро́ят!
Па́нкин: Сего́дня Новосиби́рск са́мый большо́й го́род Сиби́ри.
Гри́ша: В нём бо́лее миллио́на жи́телей.

2а. Упражнéние

Отвéтьте на вопрóсы!

Что пострóили в Новосибúрске пóсле револю́ции?
(завóды и фáбрики)
......

В Новосибúрске пострóили завóды и фáбрики.

А что пострóили в э́том нóвом райóне?
(жилы́е домá)
......

Здесь пострóили жилы́е домá.

Что ещё пострóили в э́том райóне?
(теáтр)
......

Здесь построили теáтр.

А что ещё пострóили?
(шкóла и дéтский сад)
......

Шкóлу и дéтский сад.

Скóлько жúтелей в Новосибúрске?
(бóлее миллиóна)
......

В Новосибúрске бóлее миллиóна жúтелей.

И послéдний вопрóс:
Какóй гóрод сáмый большóй в Сибúри?
......

Сáмый большóй гóрод в Сибúри — Новосибúрск.

3. В гостúнице стройтельного комбинáта

Панкин: Приéхали. Гриша, когдá ты придёшь к нам?
Гриша: Посмóтрим!
Пáнкин: Познакóмишься с женóй, посмóтришь, как мы живём...
Гриша: Спасúбо, Серёжа. Я конéчно придý, зáвтра или послезáвтра ... Сначáла нáдо узнáть, какóй у нас план ...
Пáнкин: Знáчит, зáвтра вéчером?

Гриша: Хорошо́! Я так рад, что мы встре́тились!
Па́нкин: О, я вам помогу́. У меня́ ещё есть вре́мя.
Та́ня: Спаси́бо!
Па́нкин и Гриша: Здра́вствуйте.
Администра́тор: Здра́вствуйте!
Па́нкин: Новосиби́рский строи́тельный комбина́т заказа́л у вас два ме́ста для това́рищей из Москвы́.
Администра́тор: Мину́тку. Пра́вильно, два ме́ста для това́рищей из Москвы́ зака́заны. Пожа́луйста, я вас провожу́. Идёмте! Вот ваш но́мер!
Гриша: Так, так. Прекра́сно! А где втора́я ко́мната?
Администра́тор: Втора́я? Комбина́т зака́зывал два ме́ста ... Вот ваш но́мер, на два ме́ста.
Та́ня: На два ме́ста?
Администра́тор: Прости́те, а вы ... вы отку́да?
Та́ня: Я? Из Москвы́ ...
Администра́тор: Ничего́ не понима́ю. Вы то́же со строи́тельного комбина́та? Зна́чит вам нужны́ 3 ме́ста?
Па́нкин: Нет, два. Для Татья́ны Андре́евны Кубряко́вой и Григо́рия Васи́льевича Фила́това.
Администра́тор: А для вас?
Па́нкин: Нет. Я из Новосиби́рска. Я то́лько встре́тил госте́й из Москвы́.
Администра́тор: Ах вот как! Зна́чит, э́то оши́бка. Нам не сказа́ли, что вам нужны́ два но́мера.
Та́ня: А мо́жет быть, у вас есть ещё оди́н свобо́дный но́мер?
Администра́тор: Нет, к сожале́нию, сего́дня нет.
Гриша: Ну, хорошо́! Занима́йте вы э́тот но́мер. Татья́на Андре́евна, а я ...
Та́ня: Нет, нет. Это ваш но́мер.
Администра́тор: У меня́ тако́е предложе́ние. За́втра или послеза́втра у нас бу́дут свобо́дные номера́. А сейча́с я позвоню́ в гости́ницу «Сиби́рь». Мо́жет быть, у них есть свобо́дные места́.
Гриша: Большо́е вам спаси́бо за по́мощь.
Па́нкин: Разреши́те!
Гриша: Ну, Серге́й, тепе́рь расскажи́, как вы живёте?
Па́нкин: Что тебе́ рассказа́ть? Живём мы хорошо́.
Гриша: Твои́ роди́тели ещё рабо́тают?
Панкин: Да. Оте́ц — как ты зна́ешь — врач, рабо́тает в поликли́нике. А мать учи́тельница.

Гриша: А твоя́ жена́? Чем она́ занима́ется?
Па́нкин: Она́ у́чится в университе́те.
Гриша: Студе́нтка!
Па́нкин: Да. Че́рез год она́ око́нчит Новосиби́рский университе́т, но уже́ принима́ет уча́стие в нау́чной рабо́те. Сейча́с она́ прохо́дит пра́ктику в одно́м из институ́тов Академгородка́ под руково́дством изве́стных учёных.
Таня: Мой друг И́горь Соро́кин то́же рабо́тает в Академгородке́. Мо́жет быть, ва́ша жена́ его́ зна́ет.
Панкин: Мо́жет быть. То́лько тепе́рь в Академгородке́ живёт 60 000 челове́к.
Гриша: А де́ти у вас есть?
Па́нкин: Нет, ещё нет.
Гриша: Ну, что де́лаешь ты?
Па́нкин: То́же учу́сь! Три ра́за в неде́лю по вечера́м хожу́ в строи́тельный институ́т. Ты зна́ешь, что я интересу́юсь строи́тельством.
Гриша: Зна́ю.
Администра́тор: В гости́нице «Сиби́рь», това́рищи, мест нет.

3а. Упражне́ние

Па́нкин: Я интересу́юсь строи́тельством.
Чем он интересу́ется? Строи́тельством.

А тепе́рь скажи́те, пожа́луйста, чем интересу́ются роди́тели и де́ти. Отве́тьте на вопро́сы!

Чем интересу́ется оте́ц?
(*нау́ка*)
. . . . . .   Он интересу́ется нау́кой.

Чем интересу́ется ста́рший сын?
(*спорт*)
. . . . . .   Он интересу́ется спо́ртом.

А чем интересу́ется мла́дший сын?
(*неме́цкий язы́к*)
. . . . . .   Он интересу́ется неме́цким языко́м.

А чем интересу́ется мать?
(геогра́фия)
. . . . . .   Она́ интересу́ется геогра́фией.

И после́дний вопро́с:
Чем интересу́ется дочь?
(матема́тика)
. . . . . .   Она́ интересу́ется матема́тикой.

4. Всё хорошо́, что хорошо́ конча́ется!

Па́нкин: А чем вы интересу́етесь, Татья́на Андре́евна?
Таня: Меня́ сейча́с интересу́ет, что узна́л администра́тор!
Администра́тор: Свобо́дных мест сего́дня нигде́ нет.
Таня: Что же де́лать?
Па́нкин: Зна́ешь что, ты бу́дешь жить у нас.
Администра́тор: Прекра́сное предложе́ние.
Гриша: А у тебя́ ме́сто есть, Серёжа?
Па́нкин: Коне́чно, есть! У нас есть больша́я тахта́, где ты бу́дешь удо́бно спать.
Гриша: Пое́хали.
Па́нкин: А Татья́на Андре́евна мо́жет жить здесь.
Таня: Большо́е спаси́бо, Серге́й Серге́евич.
Гриша: Тепе́рь отдыха́йте, Татья́на Андре́евна.
Па́нкин: А ве́чером я прие́ду за ва́ми, и мы вме́сте пое́дем к нам домо́й. Моя́ жена́ бу́дет о́чень ра́да гостя́м из Москвы́.
Таня: Хорошо́.
Па́нкин и Гриша: До свида́ния.
Администра́тор: Всё хорошо́, что хорошо́ конча́ется!

VI. В командировке в Новосибирске

В Новосибирске идёт большое строительство. Строятся новые заводы и фабрики, жилые дома, школы, детские сады и театры. Таня и Григорий уже несколько дней работают на новосибирском строительном комбинате. Сегодня они изучают новые методы и технологию производства на этом строительном объекте Новосибирска.

1. По дороге на комбинат

Гриша: Спасибо вам. Нам было очень интересно познакомиться с вашими новыми методами производства здесь у вас.
Мастер: Новые методы помогут нам окончить строительство этих жилых домов на две недели раньше.
Гриша: Значит, ещё в этом году?
Мастер: Да, это будет наш подарок жителям города Новосибирска.
Гриша: Прекрасный подарок.
Панкин: Здравствуйте, Татьяна Андреевна! Где Григорий?
Таня: Здравствуйте! Григорий Васильевич пошёл с бригадиром.
Панкин: Куда?
Таня: Туда!
Панкин: Спасибо! Привет, Коля! Здравствуй, Гриша! У тебя ещё много работы?
Гриша: Нет, мы готовы!
Панкин: Директор просил тебя приехать на комбинат. В 12 часов к нам приедут учёные из Академгородка...
Гриша: А, знаю. Мы будем готовиться к конференции!
Панкин: Да. В 12 часов в кабинете директора.
Гриша: Хорошо. Спасибо вам за помощь, Николай Петрович! До свидания до завтра!
Мастер: До завтра!
Гриша: Одну минуту.
Рабочий: Вот на этом графике вы можете увидеть, как новая технология производства помогает нам в нашей работе.
Таня: Спасибо, Антон Михайлович.
Гриша: Татьяна Андреевна, я сейчас еду на комбинат.
Таня. Готовиться к конференции?
Гриша: Да. В 12 часов на комбинат приедут учёные из Академгородка. Буду ждать вас там в 16 часов.
Таня: Хорошо. В 16 часов буду на комбинате.

2. У газетного киоска

Панкин: Гриша, у меня интересная новость!
Гриша: Новость?
Панкин: Ты читаешь газеты и журналы из ГДР?
Гриша: Иногда. Вот например: «Deutsche Architektur».
Панкин: А журнал «Freie Welt» ты знаешь?
Гриша: Знаю.
Панкин: А последний номер этого журнала ты читал?
Гриша: Ещё нет . . .
Панкин: В последнем номере этого журнала есть статья, которую тебе будет интересно почитать.
Гриша: Какая статья?
Панкин: К сожалению, у меня нет журнала.
Гриша: А ты её читал?
Панкин: Об этой статье мне рассказывали на комбинате. Смотри, вот газетный киоск. Купи последний номер «Freie Welt».

Гриша: Ну, хорошо ...
Покупатель I: Сегодняшняя «Правда» ещё есть?
Продавщица: Нет, свежие газеты все уже проданы. У меня остался только один номер «Комсомольской правды».
Покупатель I: «Комсомольскую правду» я выписываю на дом. Дайте мне, пожалуйста, последние номера «Литературной газеты» и «Известий».
Продавщица: Пожалуйста!
Покупатель I: Сколько с меня?
Продавщица: С вас всего 18 копеек.
Покупатель II: Новый «Огонёк» уже есть?
Продавщица: Нет, мы получаем его по пятницам. Сегодня мы получили «Крокодил» и «Технику молодёжи».
Покупатель II: Покажите их, пожалуйста! Дайте мне оба журнала и ещё журнал «Freie Welt».
Продавщица: К сожалению, этот журнал уже продан.
Гриша: «Freie Welt», к сожалению, уже продан.
Панкин: Ничего. Недалеко отсюда есть ещё один киоск. Ты всё ещё любишь оперу?
Гриша: Да. В Москве мы с Верой часто ходим в театр, хотя у нас мало времени.
Панкин: А это наш театр оперы и балета.
Гриша: Надо пойти.
Панкин: А твоя любимая опера?
Гриша: «Евгений Онегин».
Панкин: Пожалуйста. В четверг можешь её послушать.
Гриша: Как?
Панкин: Мы заказали для вас два билета на четверг.
Гриша: Спасибо. Это прекрасно. Я очень рад. Но не знаю только, как Татьяна Андреевна ...
Панкин: Я думаю, она тоже будет очень рада.
Гриша: Ну, посмотрим!

2а. Упражнение

Пример:

Покупатель: Свежая «Правда»
есть?
Продавщица: Есть!

А тепе́рь, пожа́луйста спроси́те вы!
(«Комсомо́льская пра́вда»)
. . . . . .

Продавщи́ца: Есть!
(«Пионе́рская пра́вда»)
. . . . . .

Продавщи́ца: Есть!
(«Литерату́рная газе́та»)
. . . . . .

Продавщи́ца: Есть!
(«Изве́стия»)
. . . . . .

Продавщи́ца: Есть!

Свѐжая «Комсомо́льская пра́вда» есть?

Свѐжая «Пионе́рская пра́вда» есть?

Свѐжая «Литерату́рная газе́та» есть?

Свѐжие «Изве́стия» есть?

2б. Упражне́ние

Приме́р:
Покупа́тель: Да́йте мне, пожа́луйста, «Пра́вду».
Продавщи́ца: Пожа́луйста!
А тепе́рь вы, пожа́луйста!
(«Комсомо́льская правда»)
. . . . . .

Продавщи́ца: Пожа́луйста!
(«Пионе́рская пра́вда»)
. . . . . .

Продавщи́ца: Пожа́луйста!
(«Литерату́рная газе́та»)
. . . . . .

Да́йте мне, пожа́луйста, «Комсо́мольскую пра́вду».

Да́йте мне, пожа́луйста, «Пионе́рскую пра́вду».

Да́йте мне, пожа́луйста, «Литерату́рную газе́ту».

Продавщи́ца: Пожа́луйста!

(«*Изве́стия*»)
. . . . . .   Да́йте мне, пожа́луйста, «Изве́стия».

Продавщи́ца: Пожа́луйста!

3. У газе́тного кио́ска

Гри́ша: Да́йте, пожа́луйста, све́жий но́мер журна́ла «Freie Welt».
Продавщи́ца: «Freie Welt»?! Мину́тку. У меня́ оста́лся ещё оди́н но́мер. Пожа́луйста!
Гри́ша: Спаси́бо!
Па́нкин: Све́жий но́мер журна́ла «Сове́тский Сою́з» у вас есть?
Продавщи́ца: Есть.
Па́нкин: А «Те́хника молодёжи»?
Продавщи́ца: То́же есть.
Па́нкин: Я возьму́ о́ба журна́ла.
Продавщи́ца: Пожа́луйста!
Па́нкин: Ско́лько с нас?
Продавщи́ца: «Сове́тский Сою́з», «Те́хника молодёжи» ... и «Freie Welt» — с вас всего́ 95 копе́ек.
Па́нкин: К сожале́нию, у меня́ нет ме́лочи.
Продавщи́ца: Ничего́. Я могу́ дать вам сда́чу.
Па́нкин: Ну, как Гри́ша? Интере́сная статья́?
Гри́ша: Да, о́чень интере́сная!
Па́нкин: Смотри́, Гри́ша, а вот твоя́ фотогра́фия! «Това́рищ Фила́тов, инжене́р моско́вского строи́тельного комбина́та ...»
Гри́ша: «... разгова́ривает с берли́нскими строи́телями.»
Па́нкин: Хоро́шая фотогра́фия!
Гри́ша: ... и интере́сная статья́! Спаси́бо тебе́, что ты сра́зу мне сказа́л об э́том!
Па́нкин: Информа́ция — са́мое ва́жное. А тепе́рь на комбина́т!
Гри́ша: Пое́дем. А э́то что за зда́ние?
Па́нкин: Э́то клуб «О́тдых». По вечера́м здесь игра́ет хоро́ший танцева́льный орке́стр.
Гри́ша: А э́то зда́ние?
Па́нкин: Э́то Дворе́ц спо́рта! А вот Зи́мний стадио́н. Наш комбина́т ча́сто организу́ет там соревнова́ния. А ты ещё занима́ешься спо́ртом?

Гриша: К сожалению, я совсем не занимаюсь спортом. У меня нет времени.
Панкин: Это плохо, Гриша! Смотри, вот плавательный бассейн «Нептун». Сегодня вечером «Нептун» открыт. Может быть ...
Гриша: Сергей, нам надо ехать на комбинат. Через 20 минут начнётся разговор с учёными из Академгородка. У меня нет времени.

3а. Упражнение (На почте)

Гриша: У меня нет времени.

Пример:

У вас есть ручка?
К сожалению у меня нет ручки.

*А теперь, пожалуйста, ответьте
на вопросы вы!*

У вас есть открытка?
. . . . . .

К сожалению, у меня нет открытки.

У вас есть почтовая марка?
. . . . . .

К сожалению, у меня нет почтовой марки.

У вас есть конверт?
. . . . . .

К сожалению у меня нет конверта.

4. Игорь

Игорь: Простите, пожалуйста, товарищ филатов. Моя фамилия Сорокин. Вы ведь приехали с московского строительного комбината?
Гриша: Правильно!
Игорь: А ваша ассистентка, Татьяна Андреевна Кубрякова ... она моя старая знакомая ...
Гриша: Ах, так вы Игорь Сорокин из Академгородка! Мне Татьяна Андреевна рассказывала о вас ... Она должна прийти через 5 минут.
Игорь: К сожалению, у меня нет времени. Мне надо ехать. Нас ждут в Академгородке.

Гри́ша: Что же де́лать?
И́горь: Пожа́луйста, переда́йте Та́не вот э́ти цветы́ ... и большо́й приве́т от меня́ — до послеза́втра в Академгородке́!
Гри́ша: Переда́м с удово́льствием!
И́горь: Большо́е спаси́бо!
Гри́ша: Всего́ хоро́шего!

Та́ня: Я узна́ла всё, что нам ну́жно, Григо́рий Васи́льевич!
Гри́ша: Большо́е спаси́бо. Вот вам цветы́, Татья́на Андре́евна!
Та́ня: Мне? За что?
Гри́ша: Э́ти цветы́ проси́л переда́ть ваш хоро́ший друг ...
Та́ня: И́горь ... И́горь Соро́кин?
Гри́ша: К сожале́нию, он не мог бо́льше ждать ...
Та́ня: Он то́же был на конфере́нции?
Гри́ша: Мм. Ничего́, Татья́на Андре́евна! Вы уви́дитесь послеза́втра в Академгородке́!

VII. В Академгородке́

Академгородо́к нахо́дится недалеко́ от Новосиби́рска. Вчера́ ве́чером Та́ня и Григо́рий прие́хали сюда́, чтобы приня́ть уча́стие в нау́чной конфере́нции. Они́ живу́т в гости́нице «Золота́я доли́на».

1. В гости́нице «Золота́я доли́на»

Та́ня: Алло́!
Го́лос: Институ́т автоматиза́ции.
Та́ня: Говори́т Кубряко́ва, Татья́на Андре́евна... Я вам уже́ звони́ла вчера́ ве́чером.
Го́лос: Да, по́мню. Вы вчера́ прие́хали из Новосиби́рска.
Та́ня: Да, э́то я. Мо́жно мне сейча́с поговори́ть с И́горем Соро́киным?
Го́лос: К сожале́нию, он ещё не пришёл.
Та́ня: А когда́ он бу́дет?
Го́лос: По́сле девяти́: Позвони́те, пожа́луйста, ещё раз.
Та́ня: Хорошо́! Я позвоню́ по́сле девяти́. Спаси́бо!
Гри́ша: До́брое у́тро, Татья́на Андре́евна.
Та́ня: До́брое у́тро! Вы уже́ за́втракали?
Гри́ша: Да.

Та́ня: Сади́тесь, пожа́луйста.
Гри́ша: Нет, нет, спаси́бо. Мне сейча́с ну́жно в Дом учёных. Меня́ проси́ли прийти́ пора́ньше. А вас я там жду в 12 часо́в.
Та́ня: Хорошо́! Ваш рефера́т уже́ гото́в?
Гри́ша: Да. Но не забу́дьте э́ти материа́лы. Они́ мне бу́дут нужны́ для рефера́та.
Та́ня: Хорошо́. Я всё принесу́ в 12 часо́в. А как пройти́ в Дом учёных?
Гри́ша: За ва́ми придёт симпати́чный молодо́й челове́к, из институ́та автоматиза́ции.
Та́ня: Из институ́та автоматиза́ции?
Гри́ша: Да. А сейча́с иди́те за́втракать! Буфе́т на 1-м этаже́!

2. В буфе́те гости́ницы

И́горь: Разреши́те? Мо́жно?
Та́ня: Пожа́луйста.
И́горь: Вам не нужна́ салфе́тка, де́вушка?
Та́ня: И́горь! Здра́вствуй!
И́горь: Здра́вствуй, Таню́ша!
Та́ня: Как я ра́да тебя́ ви́деть!
И́горь: Я то́же!
Та́ня: Сади́сь! Ты уже́ за́втракал?
И́горь: Да. Спаси́бо.
Та́ня: А отку́да ты узна́л, что я здесь, в гости́нице?
И́горь: Это́ бы́ло о́чень легко́. Григо́рий Васи́льевич проси́л меня́ пойти́ в гости́ницу «Золота́я доли́на», где меня́ ждёт о́чень симпати́чная де́вушка.
Та́ня: Что зна́чит «ждёт»? Кто тебя́ ждёт?
И́горь: Ассисте́нтка гла́вного инжене́ра Фила́това из Москвы́.
Та́ня: Это ты́ до́лжен проводи́ть меня́ в Дом учёных! Как хорошо́! А я уже́ не́сколько раз звони́ла в институ́т.
И́горь: Я был в До́ме учёных. В До́ме учёных нас ждут в 12 часо́в. А до двена́дцати я бу́ду пока́зывать тебе́ наш го́род.
Та́ня: О́чень хорошо́! Бу́дем гуля́ть по го́роду.

3. Прогу́лка по Академгородку́

И́горь: У нас здесь бо́лее 20 нау́чных институ́тов.
Та́ня: Интере́сно.
И́горь: Это зда́ния на́шего университе́та. Здесь у́чатся бу́дущие фи́зики и матема́тики.

Таня: А э́то краси́вое зда́ние?
Игорь: Это наш универма́г. Здесь мо́жно купи́ть всё: гото́вое пла́тье, ме́бель, о́бувь, ра́дио, телеви́зор.
Таня: Давай зайдём в универма́г!
Игорь: Не сейча́с, Таню́ша ... За́втра или послеза́втра. У нас ещё бу́дет вре́мя.
Таня: А тепе́рь?
Игорь: Тепе́рь бу́дем осма́тривать го́род. У нас здесь о́чень мно́го интере́сного.
Таня: Мне нра́вится ваш Академгородо́к!
Игорь: Да, наш городо́к стал настоя́щим го́родом. В нём приблизи́тельно 60 000 жи́телей. А вот смотри́: спра́ва но́вые жилы́е дома́ с удо́бными кварти́рами. А в э́тих дома́х живу́т акаде́мики, профессора́ и доктора́ наук.
Таня: Мм.
Игорь: Что с тобо́й, Таню́ша? Тебе пло́хо?
Таня: Нет. Я чу́вствую себя́ прекра́сно. То́лько ...
Игорь: То́лько?
Таня: Сказа́ть пра́вду, мне о́чень хо́лодно. Я забы́ла свои́ перча́тки в гости́нице.
Игорь: Возьми́ мои́! Так лу́чше?
Таня: Да. Спаси́бо, И́горь!
Игорь: Зна́ешь что, Таню́ша? Пойдём в кафе́. Там тепло́ и ую́тно.
Таня: Прекра́сно. Где кафе́?
Игорь: Недалеко́!
Таня: Ой, что это?
Игорь: Это наш кинотеа́тр «Москва́».
Таня: Нет, Игорь. Что э́то за фотогра́фии? Смотри́, И́горь, ведь это ты.
Игорь: Ах, э́ти фотогра́фии ... Из кинофи́льма «Спорт и те́хника».
Таня: Из кинофи́льма «Спорт и те́хника»?
Игорь: Зна́ешь, э́то фильм о на́шей организа́ции ДОСАА́Ф.
Таня: И тебя́ пока́зывают в кино́! И́горь! Пойдём в кино́!
Игорь: Не возража́ю. Пойдём!
Таня: Когда́ начина́ется пе́рвый сеа́нс?
Игорь: Вот афи́ша. Наве́рно, в буфе́те есть горя́чий чай.
Таня: О́чень хорошо́.
Игорь: Пойдём. Нача́ло сеа́нса в 10.15.
Таня: Зна́чит, че́рез 15 мину́т.
Игорь: Возьмём биле́ты.

4. В кинотеатре «Москва»

Игорь: Пожалуйста, дайте мне два билета.
Кассир: На какой сеанс?
Игорь: На первый.
Кассир: Какой ряд?
Игорь: Девятнадцатый или двадцатый.
Кассир: Пожалуйста! Ваши два билета в двадцатый ряд. С вас 80 копеек.
Таня: Скажите, пожалуйста, сколько минут идёт фильм?
Кассир: Минут 60 и 15 минут киножурнал «Новости дня».
Таня: Спасибо!
Игорь: Чай горячий, Таня.
Таня: Хорошо, что горячий!
Игорь: Начало сеанса через пять минут.
Диктор: Во всех городах нашей страны есть клубы и кружки, которые организует общество ДОСААФ. Члены этого общества занимаются спортом и техникой. В разных клубах и кружках они готовятся к обороне родины. Они учатся стрелять, ездить на мотоцикле, водить машину, плавать, ходить на лыжах, летать ... Члены общества ДОСААФ занимаются и другими видами спорта и техники. В Академгородке молодые учёные организовали местный автомотоклуб. В этом клубе они занимаются разными видами автомотоспорта. В этом году молодые учёные из Академгородка принимали участие в соревнованиях на первенство ДОСААФ, которое проходило в Новосибирске. Вот и финиш! А это победитель: Игорь Владимирович Сорокин. Поздравляем, Игорь Владимирович.
Таня: Поздравляю. А я и не знала, что ты так хорошо ездишь на мотоцикле.
Игорь: Ездить на мотоцикле и водить машину я научился в автомотоклубе.

4а. Упражнение

Игорь: Ездить на мотоцикле и водить машину ...

Пример:
Что он у́чится де́лать?

Он у́чится е́здить на мотоци́кле.

А тепе́рь вы, пожа́луйста!
Что он у́чится де́лать?

. . . . . .   Он у́чится ходи́ть на лы́жах.

А что она́ у́чится де́лать?

. . . . . .   Она́ у́чится бе́гать на конька́х.

А что он у́чится де́лать?

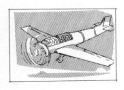

. . . . . .   Он у́чится лета́ть.

4б. Упражнение

Ответьте, пожалуйста, на вопросы!

Что делают эти молодые люди?

......   Они ходят по парку.

А что они делают теперь?

......   Они идут в ресторан.

Что любит делать этот спортсмен?

......   Он любит летать.

А что делает этот пассажир?

......   Он летит в Киев.

5. По доро́ге в Дом учёных

Игорь: Ну, Таню́ша, фильм тебе́ понра́вился?
Таня: Да. Осо́бенно мне понра́вилось, как ты е́здил на мотоци́кле. А тепе́рь нам на́до в Дом учёных.
Игорь: Да, конфере́нция ско́ро начнётся.
Таня: Это далеко́ отсю́да?
Игорь: Нет, приблизи́тельно 500 ме́тров.
Таня: Хорошо́. Зна́чит мы ещё до 12-ти бу́дем в До́ме учёных.

VIII. Зимний день в Сибири

1. В гостинице «Золотая долина»

Гриша: Доброе утро, Татьяна Андреевна.
Таня: Доброе утро.
Гриша: Какие у вас планы на сегодня?
Таня: В десять часов за мной придёт Игорь. Мы собираемся поехать за́ город, в лес. А вы, Григорий Васильевич?
Гриша: А я буду работать у себя в номере.
Таня: Григорий Васильевич, у нас сегодня свободный день!
Гриша: Татьяна Андреевна, к сожалению, мне надо работать.
Таня: Но ведь сегодня воскресенье. Вам тоже надо отдохнуть.
Гриша: Ничего, отдохну после обеда. Большой привет Игорю.

Игорь: Ночью шёл снег. Сегодня в лесу очень красиво. Давай поедем в лес на санях!
Таня: На санях! Очень хорошо! А лыжи тоже возьмём?
Игорь: Да, возьмём и лыжи. Сегодня холодно. Надень тёплое пальто, Танюша. А что делает Григорий Васильевич?
Таня: Он сказал, что ему надо работать. Поговорим с ним ещё раз?!

2. В номере у Гриши

Гриша: Пожалуйста.
Таня: Григорий Васильевич, вы умеете ходить на лыжах?
Гриша: Умею, но к сожалению, не очень хорошо.
Таня: Ничего. Я тоже плохо хожу...
Игорь: Здравствуйте, Григорий Васильевич!
Гриша: Здравствуйте!
Игорь: Через несколько дней вы с Таней уезжаете в Узбекистан, а ещё не были в нашем сибирском лесу. А наш лес такой красивый!
Гриша: Но после обеда я хотел пойти купаться.
Таня: Купаться? Это тоже неплохо!
Гриша: Да, в плавательный бассейн.
Игорь: Бассейн «Нептун» открыт каждый день.
Таня: Купаться пойдём после поездки в лес.
Гриша: Ну, хорошо.
Игорь: Сначала поедем в лес, а после обеда все вместе пойдём в «Нептун».
Гриша: А вечером вы с Таней пойдёте танцевать.
Игорь: Танцевать?
Гриша: Да. В клуб «Отдых». Там сегодня играет ленинградский танцевальный ансамбль.
Таня: Ой, как хорошо! Вечером пойдём танцевать!
Игорь: Ну хорошо! Но я всё ещё плохо танцую.
Таня: Ничего, Игорь. Значит, Григорий Васильевич, сегодняшний день проведём все вместе!
Гриша: Но вечером я буду работать.

3. В зимнем лесу

Таня: Пожалуйста, побыстрее!
Гриша: Вперёд!
Игорь: Тебе не холодно, Таня?

Таня: Нет, совсем не холодно.
Игорь: Ну, как вам нравится наш лес, Григорий Васильевич?
Гриша: Очень нравится. Я очень люблю лес зимой. В это время года в лесу особенно красиво: много снега, прекрасная погода...
Кучер: Стой!
Таня: Давайте, сделаем снежную бабу.
Игорь: Хорошо! За работу! Ну, как тебе нравится наша снежная баба, Танюша?
Таня: Не совсем!
Гриша: Минуточку! Теперь ей не холодно!
Игорь: Неплохо!
Таня: Ну вот, красиво!
Игорь: Григорий Васильевич. Пожалуйста. Сфотографируйте нас. В память об этой поездке!
Гриша: С удовольствием. А теперь пойдёмте на лыжах к Обскому морю!
Таня: Хорошо! До Обского моря ещё далеко?
Игорь: Нет, недалеко.
Гриша: Сколько?
Игорь: Километра два.
Гриша: В такую погоду хорошо ходить на лыжах. Быстрее! Вперёд!
Игорь: Встретимся у Обского моря через час.
Кучер: Хорошо!
Игорь: Григорий Васильевич, что же это? Вы сказали, что вы плохо ходите на лыжах!
Гриша: Последний раз я стоял на лыжах 7 лет тому назад. Это было тоже в Сибири, в Братске.
Игорь: Ах, вот как! Туда!
Таня: Игорь, Григорий Васильевич, не так быстро!
Гриша: Как хорошо в лесу!
Таня: Опять снег идёт.
Игорь: Вот и Обское море.

4. На берегу Обского моря

Игорь: Летом здесь хорошо купаться.
Таня: Летом?
Игорь: Если хочешь, можешь купаться и зимой.
Таня: Что там?
Игорь: Они купаются.

Таня: А ты не хо́чешь?
Игорь: Нет, я лу́чше бу́ду купа́ться в пла́вательном бассе́йне «Непту́н».
Гриша: Посмотри́те, вот э́то спортсме́н! А вам не хо́лодно?
Же́нщина: Нет, мне совсе́м не хо́лодно.
Друго́й: Она́ купа́ется здесь ка́ждый день и не боле́ет.
Таня: Интере́сно, кака́я температу́ра воды́?
Гриша: Гра́дусов 6, а мо́жет быть и холодне́е.
Игорь: Ну как, Таня! Не хо́чешь искупа́ться?
Таня: Нет, а ты, Игорь? Пожа́луйста!
Игорь: Нет уж, мне хо́лодно.
Таня: Хо́лодно? Но вода́ тёплая. 6 гра́дусов, и пого́да хоро́шая. Ну, как, Григо́рий Васи́льевич?
Гриша: Одну́ мину́точку.

5. Ве́чером в клу́бе

Таня: Како́й сего́дня прекра́сный день!
Игорь: Да, Таня!
Таня: Осо́бенно бы́ло хорошо́ в зи́мнем лесу́ и на О́бском мо́ре. Спаси́бо за всё, Игорь.
Игорь: Я рад, что тебе́ понра́вилось, Таню́ша.
Таня: К сожале́нию, я ско́ро уезжа́ю.
Игорь: К сожале́нию! Но для тебя́ пое́здка в Узбекиста́н бу́дет интере́сной. Ты уви́дишь мно́го но́вого.
Таня: Тепе́рь мы уви́димся то́лько ле́том.
Игорь: Бу́дем перепи́сываться всё вре́мя.
Таня: Коне́чно, Игорь. Но пока́ я ещё здесь с тобо́й.

IX. В Ташкéнте

1. По доро́ге к гла́вному архитéктору

Та́ня: Кака́я тёплая хоро́шая пого́да в Ташкéнте.
Гри́ша: Здесь уже́ начала́сь весна́!
Та́ня: Да, а в Академгородкé ещё зима́. Никогда́ не забу́ду э́тих дней в Сиби́ри.
Гри́ша: Да, мы там узна́ли мно́го интерéсного. Одну́ мину́тку, пожа́луйста. Каки́е краси́вые ро́зы.
Дéвушка: Возьмёте?
Гри́ша: За хоро́шую рабо́ту.
Та́ня: Спаси́бо.
Гри́ша: А сейча́с пойдёмте. В 10 часо́в нас ждёт гла́вный архитéктор Ташкéнта.
Та́ня: Никогда́ не забу́ду э́тих недéль в Сиби́ри.

2. У гла́вного архитéктора в городско́м совéте

Гри́ша: Всё э́то уже́ постро́ено?
Архитéктор: Ещё не всё. Это центр го́рода. Ско́ро он бу́дет таки́м.
Гри́ша: Да, в бу́дущем Ташкéнт ста́нет краси́вым го́родом.
(На стене виси́т карта)
Архитéктор: Это Узбéкская Совéтская Социалисти́ческая Респу́блика. В ней живёт 12 миллио́нов человéк.
Та́ня: А вот и Ташкéнт!
Гри́ша: Ско́лько жи́телей сейча́с в Ташкéнте?
Архитéктор: Приблизи́тельно 1 миллио́н 500 000.
Та́ня: Зна́чит, Ташкéнт тако́й же большо́й го́род, как Новосиби́рск.
Архитéктор: Да. Ташкéнт дрéвний го́род. Здесь бы́ло мно́го истори́ческих зда́ний, па́мятников архитекту́ры ... Вы, конéчно, зна́ете, что 26 апрéля 1966 го́да у нас бы́ло большо́е землетрясéние. Почти́ весь центр Ташкéнта был разру́шен. В го́роде бы́ло разру́шено о́чень мно́го жилы́х домо́в, магази́нов, школ, дéтских садо́в, гости́ниц, рестора́нов ... Приблизи́тельно 90 000 семéй оста́лись без кварти́р.
Та́ня: Тяжело́ бы́ло жи́телям Ташкéнта!
Архитéктор: Но уже́ чéрез три-четы́ре го́да была́ постро́ена больша́я часть на́шего но́вого Ташкéнта. В э́том нам помо́г весь Совéтский Сою́з.

Рустáм: Здрáвствуйте!
Все: Здрáвствуйте!
Архитéктор: Разрешите вас познакóмить: Рустáм Ахýн, одúн из лýчших бригадúров комбинáта.
Рустáм: Здрáвствуйте.
Таня: Óчень приятно с вáми познакóмиться.
Архитéктор: Татьяна Андрéевна Кубрякóва и Григóрий Васúльевич Филáтов приéхали к нам из Москвы́. Рустáм покáжет вам гóрод и строúтельные объéкты.
Гриша: Большóе вам спасúбо.
Архитéктор: А тепéрь скажúте, что вас осóбенно интересýет.
Гриша: Нас осóбенно интересýют нóвые мéтоды и технолóгия строúтельства в вáшем гóроде.
Архитéктор: Хорошó, мы вам всё покáжем. Есть у нас и литератýра по нóвой технолóгии.
Гриша: Эту я читáл, эта у нас есть. Эта тóже. А этой нет. Смотрúте, Таня, это совсéм нóвая кнúга.
Таня: «Строúтельство и архитектýра нóвого Ташкéнта».
Рустáм: Онá есть в кнúжных магазúнах.
Гриша: Да?
Архитéктор: А тепéрь мы познакóмим вас с нáшим гóродом.
Гриша: Óчень хорошó!
Рустáм: Пожáлуйста, на экскýрсию по Ташкéнту!

3. Экскýрсия по Ташкéнту

Рустáм: Тепéрь мы нахóдимся в цéнтре гóрода — на плóщади Лéнина. Рáньше лю́ди жúли тóлько в мáленьких домáх, в одúн-два этажá. А тепéрь мы стрóим здáния в 20 этажéй.
Гриша: Это те здáния, котóрые нас осóбенно интересýют.
Рустáм: Да, это я знáю. Зáвтра вам всё покáжут.
Гриша: Это, навéрное Дом правúтельства?
Рустáм: Да, в этом нóвом здáнии рабóтает Совéт Минúстров Узбéкской ССР.
Таня: Здесь слéва здáние Центрáльного Комитéта Комсомóла.
Рустáм: Все эти здáния и здáние Центрáльного Комитéта Коммунистúческой пáртии Узбекистáна пострóены за послéдние гóды.
Гриша: Посмотрúте, Таня. Какáя интерéсная фóрма у этого здáния.
Таня: Это здáние я ужé вúдела.
Рустáм: Где же?

Та́ня: На фотогра́фиях. Э́то Дворе́ц спо́рта. А там но́вый университе́т.
Руста́м: Университе́т но́сит и́мя Влади́мира Ильича́ Ле́нина.
Гри́ша: Когда́ постро́ены э́ти зда́ния, до и́ли по́сле землетрясе́ния?
Руста́м: В 1971 году́. Недалеко́ от университе́та есть стадио́н, где студе́нты занима́ются спо́ртом и отдыха́ют.
Та́ня: Хорошо́ учи́ться в тако́м университе́те.
Руста́м: На его́ факульте́тах у́чатся 16 500 студе́нтов.
Та́ня: То́лько из Узбекиста́на?
Руста́м: Нет. Здесь у́чатся студе́нты и из други́х респу́блик: наприме́р, из Казахста́на, Туркме́нии, а та́кже из-за грани́цы. Среди́ них мно́гие студе́нты А́зии, А́фрики, Болга́рии и Вьетна́ма.
Гри́ша: А сейча́с я вас сфотографи́рую пе́ред э́тим краси́вым зда́нием. В па́мять о Ташке́нте.
Руста́м: Мо́жет быть, я вас сфотографи́рую вме́сте?
Гри́ша: Нет, спаси́бо. Лу́чше то́лько Татья́ну Андре́евну. А фотогра́фию пошлём в Академгородо́к.
Руста́м: В Академгородо́к?
Гри́ша: Да, там живёт о́чень симпати́чный молодо́й челове́к, кото́рый бу́дет о́чень рад э́той фотогра́фии.
Руста́м: А! Понима́ю.
Гри́ша: Э́то бу́дет о́чень краси́вая фотогра́фия. «Ташке́нтцам на сча́стье от белору́сского наро́да!»
Руста́м: Сейча́с мы нахо́димся в райо́не, где стро́ят белору́сские дома́.
Та́ня: Белору́сские?
Руста́м: Да. Э́ти жилы́е дома́ постро́или брига́ды из Белору́ссии. По́сле землетрясе́ния жи́тели Ташке́нта жи́ли в пала́тках и на откры́тых площа́дках. Им на по́мощь пришла́ вся на́ша сове́тская ро́дина. Из всех респу́блик прие́хали специали́сты, инжене́ры, строи́тели, архите́кторы, рабо́чие. Привезли́ строи́тельные маши́ны и материа́лы. Весь Сове́тский Сою́з помога́л на́шему го́роду.
Та́ня: Да, об э́том мно́го писа́ли в газе́тах.
Гри́ша: И мы, москвичи́, то́же посыла́ли строи́телей в Ташке́нт. Вот э́ти жилы́е дома́, магази́ны и други́е зда́ния бы́ли постро́ены москвича́ми.
Руста́м: Пра́вильно. Здесь рабо́тали моско́вские строи́тели.
Гри́ша: Та́ня, сфотографи́руйте, пожа́луйста, э́тот па́мятник.
Руста́м: А э́ти дома́ бы́ли постро́ены строи́телями Украи́ны: Ки́ева, Ха́рькова и други́х украи́нских городо́в.
Гри́ша: О́чень хорошо́, что ка́ждый райо́н име́ет свой национа́льный колори́т.

Рустáм: У нас ещё есть кирги́зские, ленингрáдские, узбéкские и други́е домá. Пóсле землетрясéния к нам приéхали помóщники дáже из-за грани́цы: из Чехословáкии, из Болгáрии, из Пóльской Нарóдной Респýблики.

3а. Упражнéние

Отвéтьте, пожáлуйста, на вопрóсы!

В какóм гóроде мы нахóдимся?
......
                                Мы нахóдимся в гóроде Ташкéнте.

А что э́то за здáние?
(гости́ница «Ташкéнт»)
......
                                Это гости́ница «Ташкéнт».

А что э́то за здáние?
(музéй Лéнина)
......
                                Это музéй Лéнина.

А что вы ви́дите сейчáс?
(стадиóн)
......
                                Мы ви́дим стадиóн.

А здесь что вы ви́дите?
(нóвые жилы́е домá)
......
                                Здесь мы ви́дим нóвые жилы́е домá.

4. В центре гóрода

Рустам: Тепéрь мы опя́ть в цéнтре гóрода. Здесь в краси́вом пáрке есть небольшóй ресторáн. Там встречáются молоды́е лю́ди, они разговáривают, танцýют и слýшают мýзыку. В ресторáне óчень ую́тно. Мóжет быть, пойдём обéдать?
Гриша: Да, пообéдать мóжно!
Рустам: Пообéдаем! В э́том рестрáне большóй вы́бор узбéкских и рýсских блюд и вин.
Гриша: Этот стол свобóден?
Официáнтка: Да, сади́тесь, пожáлуйста.
Рустам: Разреши́те посмотрéть меню́?

Официа́нтка: Пожа́луйста!
Руста́м: Ну, това́рищи, что вы бу́дете зака́зывать?
Та́ня: Сала́т, а на пе́рвое соля́нку. А что вы предлага́ете взять на второе?
Руста́м: Возьми́те пельме́ни.
Та́ня: Хорошо́! Пельме́ни. А на тре́тье я возьму́ моро́женое.
Руста́м: А вы, Григо́рий Васи́льевич?
Гри́ша: Я возьму́ то же, что и Татья́на Андре́евна: сала́т, на пе́рвое соля́нку, на второе пельме́ни и на тре́тье моро́женое.
Руста́м: Прекра́сно. Де́вушка! Принеси́те нам, пожа́луйста, три сала́та, три соля́нки, три ра́за пельме́ни, две по́рции моро́женого. А что мы бу́дем пить? Вино́, шампа́нское?
Та́ня: Нет, нет! Я за ко́фе!
Гри́ша: Я то́же.
Официа́нтка: Зна́чит, две ча́шки ко́фе. А вам?
Руста́м: Мне принеси́те, пожа́луйста, ча́ю.
Официа́нтка: Хорошо́.
Гри́ша: Мне нра́вится строи́тельство и архитекту́ра но́вого Ташке́нта.
Та́ня: Григо́рий Васи́льевич! Мы совсе́м забы́ли купи́ть кни́гу.
Гри́ша: Кни́гу?
Та́ня: Да, «Строи́тельство и архитекту́ра но́вого Ташке́нта».
Гри́ша: Ничего́, Та́ня, доста́нем.
Руста́м: Прости́те, това́рищи. Я сейча́с верну́сь.
Гри́ша: Куда́ вы, Руста́м?
Руста́м: Я совсе́м забы́л. Мне ну́жно... мне ну́жно позвони́ть!
Официа́нтка: Вот соля́нки — одна́, две, три. А где же ваш това́рищ?
Гри́ша: Вот он уже́ идёт.
Официа́нтка: Хорошо́.
Гри́ша: Ну, позвони́ли, Руста́м?
Руста́м: Позвони́л? Кому́?
Гри́ша: Вы же сказа́ли, что пошли́ кому́-то звони́ть.
Руста́м: А! Нет! Я был в кни́жном магази́не напро́тив рестора́на. Я там доста́л кни́гу, кото́рую вы и́щете. Вот. Это пода́рок на па́мять об Узбекиста́не! А э́ти ро́зы — вам, Та́ня.
Та́ня: Спаси́бо.
Гри́ша: «Строи́тельство и архитекту́ра но́вого Ташке́нта». Большо́е вам спаси́бо, Руста́м.
Руста́м: Ну что вы! Я о́чень рад, что могу́ вам помо́чь.

X. В ресторане

Сегодня особенный день. У Григория день рождения. Он родился в этот день 28 лет тому назад.

1. На строительстве в Ташкенте

Гриша: Татьяна Андреевна!
Таня: Я здесь, Григорий Васильевич!
Гриша: Таня, завтра будут готовы материалы по рационализации?!
Таня: Конечно, будут. Вот результаты моей сегодняшней работы. Мне очень помогла бригада Рустама.
Гриша: Очень хорошо! А что вы будете делать сегодня вечером, Таня?
Таня: Ещё не знаю . . .
Гриша: Тогда разрешите вас пригласить сегодня вечером в ресторан!
Рустам: Севара, ты не видела Григория Васильевича?

Севара: Видела, он там — с Таней говорит.
Рустам: Ах, хорошо!
Гриша: А что у вас ещё нового?
Таня: Всё в порядке. Строители этого здания — настоящие мастера.
Гриша: Рустам сказал мне, что они хотят закончить строительство на месяц раньше.
Таня: И закончат! Они очень хорошо работают.
Рустам: Григорий Васильевич. А я вас ищу!
Гриша: Здравствуйте, Рустам!
Рустам: Здравствуйте, Григорий Васильевич! От имени нашей бригады поздравляю вас с днём рождения. Мы все желаем вам всего хорошего.
Гриша: Большое спасибо!
Таня: У вас день рождения, Григорий Васильевич? Поздравляю вас.
Гриша: Большое спасибо. А откуда вы узнали, что у меня сегодня день рождения, Рустам?
Рустам: Сегодня нам позвонили из Москвы.
Гриша: Кто?
Рустам: Директор вашего комбината. Он просил поздравить вас с днём рождения.
Гриша: Спасибо. Рустам, разрешите пригласить вас сегодня в 7 часов вечера в ресторан.
Рустам: Спасибо, Григорий Васильевич. Но я сегодня вечером уже обещал встретиться с одной девушкой.
Гриша: Понимаю.
Таня: Я думаю, это Севара.
Гриша: Мы знаем эту девушку?
Рустам: Да, это Севара, из нашей бригады.
Гриша: Прекрасно. Приходите вместе. Ждём вас в гостинице «Ташкент»!
Рустам: Спасибо Григорий Васильевич. Придём. До вечера!
Таня: Мне тоже надо идти, Григорий Васильевич!
Гриша: А вы куда?
Таня: Я хочу . . ., мне надо купить свежую газету . . .
Гриша: Только не забудьте: в 7 часов в вестибюле гостиницы.

1а. Упражнение

Поздравляю вас с днём рождения!

Пример:

(день рождения)
Поздравляю вас с днём рождения.

А теперь вы, пожалуйста!
(День Советской Армии)
. . . . . .   Поздравляю вас с Днём Советской Армии.

(День победы)
. . . . . .   Поздравляю вас с Днём победы.

(День учителя)
. . . . . .   Поздравляю вас с Днём учителя.

(праздник Первого мая)
. . . . . .   Поздравляю вас с праздником Первого мая.

(праздник Октябрьской революции)
. . . . . .   Поздравляю вас с праздником Октябрьской революции.

2. В ресторане на крыше гостиницы

Гриша: Разрешите вам помочь.
Таня: Ещё раз поздравляю вас с днём рождения, Григорий Васильевич. Желаю вам всего хорошего и благодарю вас за помощь в работе.
Гриша: Спасибо, Таня. Пожалуйста. А лучше этот. Пойдёмте?!
Таня: Спасибо, Григорий Васильевич.
Официантка: Пожалуйста.
Гриша: Извините, девушка.
Официантка: Да?
Гриша: Я заказывал стол.
Официантка: А как ваша фамилия?
Гриша: Филатов.
Официантка: Вот ваш стол.
Гриша: Спасибо. Садитесь, Таня.
Таня: Уже всё готово. Хорошо.

Официа́нтка: Пожа́луйста, меню́.
Гри́ша: Спаси́бо. Принеси́те, пожа́луйста, ва́зу!
Официа́нтка: Одну́ мину́точку!
Та́ня: Как краси́во!
Гри́ша: Да! Ташке́нт стал о́чень краси́вым го́родом. Выбира́йте!
Официа́нтка: Пожа́луйста, ва́ши цветы́.
Гри́ша: Спаси́бо. О, о́чень краси́вый пода́рок! Спаси́бо.
Та́ня: Я о́чень ра́да, что вам нра́вится тюбете́йка. Это на па́мять об Узбекиста́не.
Гри́ша: Вот. Это я получи́л сего́дня из Москвы́, от Ве́ры и дете́й. И зна́ете, что мне присла́ли Андре́й и Све́та?
Та́ня: Что?
Гри́ша: Почто́вые ма́рки. Смотри́те!
Та́ня: Вы собира́ете ма́рки? У вас, наве́рно, больша́я колле́кция.
Гри́ша: Нет, приблизи́тельно 5 ты́сяч ма́рок.
Та́ня: 5 ты́сяч!
Сева́ра и Руста́м: До́брый ве́чер.
Гри́ша: До́брый ве́чер.
Та́ня: Здра́вствуйте!
Гри́ша: Я о́чень рад, что вы пришли́.
Сева́ра: Григо́рий Васи́льевич, поздравля́ю вас и жела́ю всего́ хоро́шего в жи́зни и рабо́те.
Гри́ша: Спаси́бо. Каки́е краси́вые цветы́! Благодарю́ вас. Сади́тесь, пожа́луйста.
Руста́м: Григо́рий Васи́льевич, прими́те э́тот руба́б в пода́рок от на́шей брига́ды! Пожа́луйста!
Гри́ша: Спаси́бо. Как называ́ется э́тот инструме́нт? Руба́б?
Руста́м: Руба́б!
Гри́ша: Ага́, узбе́кский руба́б. Большо́е, большо́е вам спаси́бо и всем ва́шим това́рищам. Сади́тесь, Руста́м. Прекра́сный сувени́р. То́лько, к сожале́нию, я не уме́ю игра́ть на э́том инструме́нте. А вы уме́ете?
Руста́м: Уме́ю.
Гри́ша: А вы, Сева́ра?
Сева́ра: Немно́жко.
Гри́ша: Прошу́ вас: спо́йте, пожа́луйста, в мой день рожде́ния узбе́кскую пе́сню. Спаси́бо. А э́ту тюбете́йку подари́ла мне Та́ня.
Руста́м: О́чень краси́во. Но надева́ть её ну́жно вот так.
Гри́ша: О, прости́те! А тепе́рь зака́жем у́жин. Де́вушки, выбира́йте.
Та́ня: Вы нам помо́жете, Руста́м?

Рустам: Конечно, с удовольствием.
Таня: Можно посмотреть?
Гриша: Пожалуйста: узбекский рубаб. Что мы будем есть?
Таня: Давайте закажем настоящее узбекское блюдо. Что вы предлагаете?
Рустам: Вот, например, узбекский шашлык.
Таня: Я с удовольствием буду есть шашлык.
Гриша: Я ничего не имею против. Люблю шашлык.
Севара: Шашлык очень вкусный.
Таня: Надо подумать и о закуске.
Рустам: Я предлагаю взять салат узбекский.
Гриша: Возьмём на закуску узбекский салат. А на первое?
Севара: На первое я предлагаю взять борщ.
Рустам: Борщ здесь тоже очень вкусный.
Гриша: Хорошо, возьмём борщ. А на второе: шашлык по-узбекски.
Официантка: Пожалуйста! Что вы будете заказывать?
Гриша: Принесите нам, пожалуйста, 4 порции узбекского салата, 4 порции борща и 4 порции шашлыка.
Официантка: Хорошо. А что вы будете пить? У нас очень большой выбор вин.
Таня: У вас есть узбекское вино?
Официантка: Конечно.
Рустам: Узбекистон — очень хорошее вино.
Таня: Это красное или белое?
Официантка: Красное.
Гриша: Хорошо. Принесите бутылку Узбекистон и 2 бутылки шампанского. А фрукты у вас есть?
Официантка: Есть, абрикосы.
Гриша: Хорошо, принесите абрикосы.
Официантка: 4 порции узбекского салата, 4 порции борща, 4 порции шашлыка, бутылку Узбекистон, 2 бутылки шампанского и абрикосы.

2а. Упражнение

Пример:

Официант: Что вы возьмёте на закуску?
Может быть московский салат?!

На закуску я возьму московский салат.

А теперь заказывайте вы — конечно по-русски.

Официант: Московский салат.
  А что вы возьмёте на закуску?
  Может быть сыр?!
. . . . . .   Да, на закуску я возьму сыр.

Официант: Сыр.
  А что вы возьмёте на первое?
  Может быть солянку?!
. . . . . .   На первое я возьму солянку.

Официант: Солянку.
  А что вы возьмёте на второе?
  Может быть шницель с рисом?!
. . . . . .   На второе я возьму шницель с рисом.

Официант: Шницель с рисом.

2б. Упражнение

Пример:

Официант: А что вы будете пить?
Что вы можете мне предложить?
Официант: Чашку какао.
Принесите мне, пожалуйста, чашку какао.

А теперь вы:

Что вы ещё можете предложить?
Официант: Чашку кофе.
. . . . . .   Принесите мне, пожалуйста, чашку кофе.

А что вы ещё можете мне предложить?
Официант: Чашку чаю.
. . . . . .   Принесите мне, пожалуйста, чашку чаю.

А что вы ещё можете предложить?
Официант: Бутылку красного вина.
. . . . . .

Принесите мне, пожалуйста, бутылку красного вина.

А что вы ещё можете предложить?
Официант: Бутылку шампанского.
. . . . . .

Принесите мне, пожалуйста, бутылку шампанского.

3. В ресторане

Официантка: Пожалуйста, ещё бутылку шампанского.
Гриша: Счасибо.
Таня: Очень вкусно!
Гриша: Севара, пожалуйста, шашлык — и вам, Рустам.
Рустам: В этом ресторане очень хорошо готовят.
Гриша: Принесите нам, пожалуйста, ещё и мороженое.
Официантка: Хорошо!
Севара: Ну, Григорий Васильевич, как вам нравится Узбекистан?
Гриша: Очень нравится. А Ташкент — прекрасный город.
Севара: А там наш Большой театр.
Гриша: Да, знаю. Через два дня мы с Таней посмотрим там узбекский балет.
Севара: Да?
Таня: Отсюда хороший вид на ночной Ташкент.
Гриша: Ваш город всегда красив: и днём и ночью. Этот день рождения для меня настоящий праздник!
Таня: Я предлагаю выпить за ваше здоровье, Григорий Васильевич.
Гриша: Спасибо, товарищи. И за нашу встречу здесь, в городе Ташкенте.
Таня: Скоро мы опять будем в Моске. Но мы никогда не забудем вас и этих дней в Узбекистане.
Гриша: И ваши подарки всегда будут говорить о встречах с вами.

XI. Экску́рсия на Ташке́нтское мо́ре

1. В кварти́ре Гри́ши в Москве́

Ве́ра: А! Та́ня. Здра́вствуйте!
Та́ня: Здра́вствуйте.
Ве́ра: Как хорошо́, что вы опя́ть в Москве́!
Та́ня: Да, до́ма хорошо́! Но и в Узбекиста́не бы́ло о́чень интере́сно. А э́то пода́рок вам из Узбекиста́на, Ве́ра.
Ве́ра: Большо́е спаси́бо!
Све́та: Здра́вствуйте, тётя Та́ня. Па́па, тётя Та́ня пришла́!
Гри́ша: А, здра́вствуйте, Та́ня. Проходи́те, пожа́луйста. Сади́тесь, прошу́ вас.
Андре́й: Здра́вствуйте, Татья́на Андре́евна.
Ве́ра: Ко́фе, Та́ня?
Та́ня: Да, пожа́луйста!
Андре́й: Па́па, дава́йте послу́шаем пласти́нку, кото́рую ма́ма получи́ла в пода́рок от Татья́ны Андре́евны?
Гри́ша: Не возража́ю!
Та́ня: Григо́рий Васи́льевич, вы по́мните э́ту му́зыку?
Гри́ша: Да, коне́чно. Э́ту му́зыку мы пе́рвый раз услы́шали во вре́мя экску́рсии на Ташке́нтское мо́ре.
Андре́й: На Ташке́нтское мо́ре?
Све́та: Па́па, расскажи́ нам об экску́рсии на Ташке́нтское мо́ре!
Гри́ша: Хоти́те послу́шать?
Де́ти: Хоти́м. Да.
Ве́ра: Коне́чно! Расскажи́, пожалуйста, Гри́ша.
Гри́ша: Ну, хорошо́. Э́то бы́ло в Ташке́нте...

2. На строи́тельстве в Ташке́нте

Руста́м: У меня́ тако́е предложе́ние: за́втра мы с брига́дой на суббо́ту и воскресе́нье пое́дем на Ташке́нтское мо́ре. Пое́демте с на́ми! Вам ну́жно отдохну́ть.
Та́ня: Прекра́сная иде́я! Нам действи́тельно ну́жно отдохну́ть. Пра́вда, Григо́рий Васи́льевич?
Гри́ша: Ну, хорошо́. Согла́сен!
Та́ня: Прекра́сно!
Руста́м: Зна́чит, е́дем вме́сте на Ташке́нтское мо́ре!

3. Встреча

Встреча с бригадой была в субботу в 11 часов. А до этого они решили погулять по городу. Рустам показал им памятники, которые рассказывают о Великой Октябрьской социалстической революции в Узбекистане.

Севара: Это памятник туркестанским комиссарам, которые отдали жизнь за счастливое будущее нашего народа.

Гриша: Михаил Васильевич Фрунзе?

Рустам: Да, Григорий Васильевич. Товарищ Фрунзе был командиром Красной Армии здесь в Узбекистане.

Севара: В Ташкенте много памятников, которые рассказывают о героях Красной Армии, о красных партизанах.

Рустам: А это здание — Дом свободы. Здесь в 1917 году работал первый в Узбекистане Совет рабочих и солдатских депутатов.

Севара: Отсюда после победы революции началось строительство социализма на нашей родине.

Рустам: После революции наш город стал свободным. И Ташкент родился во второй раз.

Гриша: Очень интересна история вашей республики. Пойдёмте.

4. По дороге к Ташкентскому морю

Таня: Далеко до Ташкентского моря?

Рустам: Нет, только 40 километров.

Таня: А можно купаться в нём?

Севара: Конечно! Там можно купаться.

Молодой рабочий: А вот горы видите? Далеко. Там весь год лежит снег.

Севара: А рядом с дорогой, справа и слева, поля, на которых выращивают рис.

Таня: О, рис здесь тоже растёт!

Рустам: Конечно, узбеки очень любят рис.

Севара: Стоп!

Гриша: Что такое?

Севара: Здесь я родилась.

Гриша: А! Значит, это родная деревня!

Севара: Да, мой родной кишлак, как говорят узбеки. Здесь жили мои бабушка и дедушка. И родители тоже. Они выращивали овощи и фрукты.

Таня: А!
Рустам: До револю́ции лю́ди здесь жи́ли о́чень пло́хо.
Севара: А в тридца́тые го́ды жи́тели на́шей дере́вни со́здали коллекти́вные хозя́йства — колхо́зы.
Чле́ны брига́ды: Стоп. Прие́хали. Прекра́сно. А вот и на́ша чайхана́. Пошли́.
Таня: Чайхана́ — э́то от сло́ва чай?
Севара: Да. Чайхана́ — ма́ленький узбе́кский рестора́н.
Рустам: В тако́й чайхане́ осо́бенно лю́бят пить зелёный чай и есть узбе́кский плов. Там свобо́дные места́, пойдём.
Севара: А о́бувь ну́жно снима́ть.
Рустам: Сади́тесь, пожа́луйста.
Гриша: С удово́льствием.
Таня: Действи́тельно о́чень ую́тно и удо́бно.
Гриша: А где сейча́с живу́т ва́ши роди́тели?
Севара: Ма́ма умерла́. А оте́ц тепе́рь живёт в Ташке́нте.
Рустам: Он прекра́сный челове́к и хоро́ший това́рищ. Таки́х люде́й, как он, у нас в Узбекиста́не мно́го.
Севара: Мой оте́ц ста́рый коммуни́ст. В тридца́тые го́ды он стал председа́телем одного́ из пе́рвых колхо́зов. Во вре́мя Вели́кой Оте́чественной войны́ он служи́л в а́рмии офице́ром.
Рустам: А тепе́рь он рабо́тает агроно́мом.

5. В чайхане́

Севара: Тиму́р идёт.
Тиму́р: Вот гото́вый плов. Вку́сно.
Гриша: Плов гото́вится из риса.
Таня: А я узбе́кский плов ещё никогда́ не е́ла.
Тиму́р: Попро́буйте.
Гриша: Сейча́с.
Тиму́р: Возьми́те.
Севара: Пожа́луйста.
Гриша: О́чень вку́сный плов.
Севара: Это одно́ из на́ших узбе́кских национа́льных блюд.
Рустам: А тепе́рь бу́дут фру́кты и чай.
Гриша: Хорошо́.
Таня: Ваш плов был о́чень вку́сный.
Рустам: Пожа́луйста! Фру́кты! Бери́те!
Таня: С удово́льствием.

Тимур: Пожа́луйста, наш чай!
Севара: А тепе́рь бу́дем пить зелёный чай.
Таня: Зелёный?
Севара: Да, зелёный чай. Вы ещё не пи́ли зелёный чай? Узбе́ки о́чень его́ лю́бят.
Руста́м: Это — так сказа́ть — наш национа́льный напи́ток.
Гриша: Я то́же ещё никогда́ не пил зелёный чай.
Севара: Попро́буй, Таня, и ты́ наш зелёный чай.
Таня: Вку́сно!
Гриша: Вы пра́вы. Зелёный чай действи́тельно вку́сный.
Руста́м: Вот ви́дите! Я о́чень рад, что наш зелёный чай нра́вится Та́не и Григо́рию.
Севара: Ну, отдохну́ли? Мо́жем е́хать?
Руста́м: На Ташке́нтское мо́ре!

6. На Ташкéнтском мóре

Рустам: Вот нáше Ташкéнтское мóре.
Таня: Я не дýмала, что онó такóе большóе.
Севара: Пойдём к мóрю. Пойдём!
Тимур: Игрáем в мяч.
Рустам: Ребя́та! Сначáла рабóта, а потóм — óтдых! Идúте сюдá.
Молодóй рабóчий: А! Наш бригадúр, как всегдá, организýет рабóту.
Таня: Какýю рабóту?
Рустам: Нáдо постáвить палáтки и приготóвить ýжин.
Гриша: Палáтки постáвим мы.
Севара: А вы умéете?
Гриша: Что за вопрóс! Мы чáсто éздим в Подмоскóвье. Спим в лесý в палáтках.
Рустам: Хорошó, Григорий! А нáши дéвушки ... что вы бýдете дéлать?
Севара: Готóвить ýжин!
Таня: Да! Бýдем ýжинать у кострá.
Рустам: Всё готóво, Севара? Таня? Дéвушек нет.
Гриша: Ужин готóв. Как красúво. А где же нáши дéвушки? Ой, что это? Ну, подождúте! Что же это такóе? Мы всё врéмя рабóтаем, а вы ужé купáетесь.

Гриша: Какóй прекрáсный вéчер!
Рустам: Вы́пьем за гостéй!
Севара: За гостéй!
Гриша: И за вас тóже!
Севара: Спасúбо. Но сначáла за гостéй!
Девушка: Пожáлуйста, вот закýски. Пожáлуйста, шашлы́к.
Гриша: Спасúбо. Éсли вы ничегó не имéете прóтив, я попрошý ещё салáта.
Севара: Пожáлуйста. Вот салáт.
Рустам: Вы́пейте ещё винá!
Гриша: Спасúбо. Óчень вкýсный ýжин приготóвили дéвушки! За вас.
Рустам: А тепéрь, ребя́та, споём нáшим дорогúм гостя́м из Москвы́ пéсню, чтóбы они знáли, что в Узбекистáне умéют не тóлько хорошó готóвить, но и петь. Споём?
Член бригáды: Прáвильво! Давáйте, споём.
Гриша: Хорóшая пéсня! Спасúбо вам, друзья́!
Севара: А что поют в Москвé?

Рустам: Мо́жет быть, москвичи́ не лю́бят петь или не уме́ют?
Таня: Коне́чно, лю́бят и уме́ют. Григорий Васильевич, вы расска́зывали о Подмоско́вье. Споём «Подмоско́вные вечера́»!
Рустам: Ребя́та. Счёт один — один. Узбе́ки уме́ют петь и москвичи́ то́же.
Севара: А ещё узбе́ки — уме́ют танцева́ть. Ну как, ребя́та?

7. До́ма — в Москве́

Гриша: Всё. Тепе́рь вы зна́ете о на́шей экску́рсии на Ташке́нтское мо́ре!
Андрей: Папа, мне о́чень понра́вился твой расска́з.
Света: И пласти́нка, кото́рую привезла́ тётя Таня.
Таня: Я никогда́ не забу́ду э́тот день: Ташке́нтское мо́ре, пала́тки, костёр и му́зыку.
Света: Тётя Таня, дава́йте станцу́ем ещё раз.

XII. В универмаге

1. Перед универмагом на проспекте Калинина

Света: Ты уже решил, какие подарки мы купим, папа?
Гриша: Нет. Может быть, Татьяна Андреевна или мама помогут нам выбрать хороший подарок. Уже три часа, а их всё ещё нет. Может быть, они уже в универмаге?
Света: Папа, а спортивный костюм для меня купим?
Гриша: Конечно, Света!
Света: Ура! Папа, смотри, вот они идут!
Вера: Вот они. Света!
Света: Мама, мамочка!
Таня: Здравствуйте, Григорий Васильевич.
Гриша: Здравствуйте.
Света: Добрый день, тётя Таня!
Таня: Добрый день, Света!

Ве́ра: Прости́, что мы пришли́ на не́сколько мину́т по́зже. Но когда́ мы бы́ли уже́ на остано́вке тролле́йбуса, я заме́тила, что забы́ла до́ма де́ньги.
Гри́ша: Ах, вот как. Ну, пойдёмте вме́сте покупа́ть пода́рки. Но снача́ла мы со Све́той пойдём в спорти́вный отде́л. Я обеща́л Све́те купи́ть спорти́вный костю́м.
Ве́ра: Хорошо́.
Све́та: Пойдём, па́па.
Ве́ра: А мы с Та́ней в э́то вре́мя пойдём в отде́л гото́вого пла́тья. Я хочу́ купи́ть пла́тье.
Та́ня: А мне нужна́ но́вая блу́зка.
Ве́ра: А когда́ мы встре́тимся?
Гри́ша: Встре́тимся у вхо́да че́рез полчаса́.
Ве́ра: Че́рез 30 мину́т у вхо́да. Согла́сна.
Гри́ша: Че́рез 30 мину́т!

2. В универма́ге «Москва́»

Гри́ша: Скажи́те, пожа́луйста, где нахо́дится спорти́вный отде́л?
Продавщи́ца: На второ́м этаже́, сле́ва.
Гри́ша: Спаси́бо.

2а. Упражне́ние

Приме́р:

(*спорти́вный отде́л*)
Скажи́те, пожа́луйста, где нахо́дится спорти́вный отде́л?
Де́вушка: На второ́м этаже́, спра́ва.
А тепе́рь пожа́луйста, спроси́те вы!

(*отде́л о́буви*)
......

Скажи́те, пожа́луйста, где нахо́дится отде́л о́буви?

Де́вушка: На четвёртом этаже́, спра́ва.

(*отде́л сувени́ров*)
......

Скажи́те, пожа́луйста, где нахо́дится отде́л сувени́ров?

Девушка: На первом этаже, слева от входа.

(отдел готового платья)

. . . . . .

Девушка: На третьем этаже.

Скажите, пожалуйста, где находится отдел готового платья?

3. В отделе готового платья

Таня: Мне нужна блузка.
Продавщица: Пожалуйста. Какого цвета? У нас есть блузки разных цветов. Красные, жёлтые, коричневые и белые . . .
Вера: Таня, возьмите красную.
Таня: Покажите мне, пожалуйста, красную и эту коричневую.
Вера: Эта блузка очень практична.
Таня: Где их можно примерить?
Продавщица: Пожалуйста, вот кабина!
Вера: Мне очень нравится эта красная блузка.
Таня: Да, она действительно хороша. Я возьму её.

4. В спортивном отделе

Гриша: Нам нужен спортивный костюм для девочки.
Продавщица: Мы вчера получили хорошие спортивные костюмы разных цветов.
Света: Папа, я хочу красный.
Гриша: Хорошо, покажите, пожалуйста, красный.
Продавщица: Сколько тебе лет?
Света: Мне шесть лет.
Продавщица: Пожалуйста, вот твой размер.
Гриша: Тебе нравится этот спортивный костюм?
Света: Очень нравится.
Гриша: Хорошо! Можно его примерить?
Продавщица: Конечно. Пожалуйста, вот кабина!
Гриша: Он хорошо сидит. Мы возьмём его.
Продавщица: Пожалуйста. Заплатить можете в кассу. С вас 14 рублей 50 копеек.

4а. Упражнéние

Примéр:

(костю́м)
Мо́жно примéрить э́тот костю́м?
Продавщи́ца: Пожáлуйста, примéрьте егó.
А тепéрь вы!

(пальтó)
. . . . . .   Мо́жно примéрить э́то пальтó?

Продавщи́ца: Пожáлуйста, примéрьте егó.

(блу́зка)
. . . . . .   Мо́жно примéрить э́ту блу́зку?

Продавщи́ца: Пожáлуйста, примéрьте её.

(плáтье)
. . . . . .   Мо́жно примéрить э́то плáтье?

Продавщи́ца: Пожáлуйста, примéрьте егó.

5. В отдéле готóвого плáтья

Вера: Тáня, мне óчень нрáвится э́то сéрое плáтье.
Продавщица: Что вы хоти́те?
Вера: Покажи́те мне, пожáлуйста, сéрое плáтье.
Продавщица: Пожáлуйста.
Вера: И жёлтое.
Продавщица: Пожáлуйста.
Вера: Мо́жно примéрить эти плáтья?
Продавщица: Пожáлуйста. Вот каби́на.
Вера: Смотри́те, Тáня. Ах, вы тóже реши́ли ку́пить плáтье! Онó хорошó сиди́т на вас.
Таня: Вáше плáтье мне тóже óчень нрáвится.
Вера: Да, э́то действи́тельно краси́вое плáтье. Онó, навéрно, понрáвится и Гри́ше.

Таня: Ах, мы совсем забыли о Григории Васильевиче.
Вера: Мы возьмём эти платья!
Продавщица: Заплатите в кассу. С вас 28 рублей. А с вас 32 рубля.
Таня: Спасибо.
Продавщица: Пожалуйста.

6. В отделе сувениров

Гриша: Мамы и Татьяны Андреевны ещё нет.
Света: Знаешь что, папа?
Гриша: Ну?
Света: Пойдём пока покупать подарки для немецких друзей.
Гриша: Ты права, Света. Пойдём. Девушка, скажите, пожалуйста, что особенно нравится туристам из ГДР?
Продавщица: Трудно сказать, но часто они покупают альбомы с видами Москвы, тарелки, ложки.
Света: Мой папа едет в ГДР. Ему нужны подарки для немецких друзей.
Продавщица: Понимаю!
Гриша: Покажите нам, пожалуйста, альбом.
Продавщица: Пожалуйста, вот красивый альбом: «Московские мотивы».
Гриша: «Московские мотивы». Можно посмотреть?
Продавщица: Пожалуйста.
Гриша: Интересно. Кремль, новые проспекты, весна в Москве, Красная площадь, Ленинский проспект...
Света: Папа, а вот наш дом, посмотри.
Гриша: Да, вот здесь мы живём на десятом этаже.
Продавщица: Вам нравится альбом?
Гриша: Да, действительно очень хороший альбом. Я возьму его.
Света: Папа, возьми ещё и открытки с видами Москвы.
Гриша: А у вас есть открытки?
Продавщица: Прошу вас.
Гриша: Мы возьмём все эти открытки.
Света: Может быть, купим ещё подарок, папа?
Гриша: Ну что ж! А что ты предлагаешь?
Света: Давай купим матрёшки!
Гриша: Матрёшки? Тоже неплохо.
Света: Папа, а там значки! Какие красивые значки, папа! Возьмём ещё несколько значков?

Гриша: Хорошо́, возьмём и значки́! Да́йте нам, пожа́луйста, значки́.
Продавщица: Каки́е?
Гриша: Э́тот, э́тот, э́ти три и вот э́ти.
Продавщица: Пожа́луйста.

6а. Упражне́ние

Приме́р:

(альбо́м)
Я возьму́ э́тот альбо́м. Он мне нра́вится.

Продавщи́ца: Пожа́луйста.
А тепе́рь вы!
(откры́тки)
. . . . . .

                              Я возьму́ э́ти откры́тки. Они́ мне нра́вятся.

Продавщи́ца: Пожа́луйста!
(матрёшка)
. . . . . .

                              Я возьму́ э́ту матрёшку. Она́ мне нра́вится.

Продавщи́ца: Пожа́луйста!
(кни́га)
. . . . . .

                              Я возьму́ э́ту кни́гу. Она́ мне нра́вится.

Продавщи́ца: Пожа́луйста!

XIII. В Берлине

Мы нахо́димся в столи́це Герма́нской Демократи́ческой Респу́блики Берли́не, где Та́ня и Григо́рий проведу́т не́сколько дней. Они́ бу́дут жить в гости́нице «Штадт Берли́н» на Алекса́ндерплатц. Вме́сте с на́шими друзья́ми в Берли́н прилете́л Пётр Серге́евич Шу́бин. Он то́же рабо́тает на моско́вском строи́тельном комбина́те. А э́то Ге́рхард Бе́ргер со строи́тельного комбина́та в Берли́не. Он встре́тил сове́тских госте́й в аэропорту́.

1. В вестибю́ле гости́ницы «Штадт Берли́н»

Бергер: Зна́чит, так и сде́лаем. Мы с ва́ми, Григо́рий Васи́льевич, сейча́с пое́дем в строи́тельную акаде́мию, где вы бу́дете чита́ть ле́кцию.

Гриша: Мм. Хорошо́. Че́рез 15 мину́т я бу́ду гото́в. Встре́тимся здесь в вестибю́ле?

Бергер: Да, я бу́ду ждать вас здесь.

Та́ня: А я, Григо́рий Васи́льевич? Я то́же пое́ду с ва́ми в акаде́мию?

Гриша: Нет, Та́ня! Я пое́ду оди́н. А вы иди́те в свой но́мер и отдыха́йте. Всего́ хоро́шего!

Бергер: Че́рез 2 часа́ я пойду́ с ва́ми на экску́рсию по го́роду.

Та́ня: А в Тре́птов-парк пое́дем?

Бергер: Да.

Шу́бин: Разреши́те, я помогу́ вам. Прошу́.

Бергер: Вы пе́рвый раз в ГДР?

Та́ня: Да, пе́рвый раз. А Пётр Серге́евич уже́ был здесь в про́шлом году́.

Шу́бин: Да, я уже́ был в Берли́не. Это прекра́сный го́род. Ну как, нра́вится?

Та́ня: О́чень. Пётр Серге́евич...

Шу́бин: Да?

Та́ня: Пётр Серге́евич, вы до́лго бу́дете отдыха́ть?

Шу́бин: Сказа́ть пра́вду, мне совсе́м не хо́чется отдыха́ть. А вам, Та́ня?

Та́ня: Мне то́же. Я о́чень хочу́ скоре́е уви́деть Берли́н. Мо́жет быть, погуля́ем немно́го по це́нтру, Пётр Серге́евич?

Шу́бин: Да, с удово́льствием. Ска́жем че́рез два́дцать мину́т?

Та́ня: Хорошо́, че́рез два́дцать мину́т я бу́ду гото́ва.

2. Экску́рсия по го́роду

Шу́бин: «Дороги́е сове́тские това́рищи. Сего́дня вы познако́митесь с це́нтром столи́цы ГДР Берли́ном. Начнём на́шу экску́рсию на изве́стной у́лице У́нтер ден Ли́нден. На э́той у́лице мно́го знамени́тых зда́ний и па́мятников. Вот посмотри́те, наприме́р:...»

Та́ня: Хорошо́, Пётр Серге́евич. Вы настоя́щий экскурсово́д!

Шу́бин: Вот, посмотри́те, наприме́р...

Та́ня: ... Бранденбу́ргские воро́та!

Шу́бин: Да, здесь прохо́дит госуда́рственная грани́ца ГДР. А э́то зда́ние спра́ва вы уже́ зна́ете по фотогра́фиям.

Та́ня: Да, это Посо́льство Сове́тского Сою́за.

Шу́бин: Сейча́с мы нахо́димся пе́ред гла́вным зда́нием Берли́нского университе́та и́мени Гу́мбольдта.

Та́ня: А что э́то за па́мятники?

Шубин: Слéва пáмятник Вильгéльму Гумбóльдту. Спрáва — пáмятник Алексáндру Гумбóльдту, егó брáту.
Таня: А вы знáете, кто учи́лся в э́том университéте приблизи́тельно 140 лет тому́ назáд? Карл Маркс.
Шубин: Да. Здесь учи́лся Карл Маркс.
Таня: А скóлько студéнтов тепéрь ýчится в э́том университéте?
Шубин: Приблизи́тельно 15 000.
Таня: Нет, ужé бóльше.
Шубин: Да. Я ви́жу, Татья́на Андрéевна, вы знáете столи́цу ГДР лýчше, чем я, хотя́ я ужé был в Берли́не.
Таня: Я мнóго читáла о Берли́не.
Шубин: А! Вот как!
Таня: Óчень хорошó, что мы реши́ли погуля́ть по гóроду.
Шубин: Сейчáс мы на однóй из сáмых извéстных площадéй гóрода. Здесь по прáздникам, напримéр 1 Мáя, прохóдят демонстрáции. Вы знáете, как называется э́та плóщадь?
Таня: Мм. — Нет.
Шубин: Плóщадь Мáркса-Энгéльса. Вот пéред нáми здáние Госудáрственного Совéта ГДР.
Таня: Краси́вое здáние! Смотри́те, Пётр, берли́нская телебáшня!
Шубин: Онá былá пострóена в 1969 годý.
Таня: Да. Когдá ГДР бы́ло 20 лет. Мне так хóчется подня́ться на телебáшню!
Шубин: На телебáшне я ещё не был. Но у нас мáло врéмени. Товáрищ Бéргер ждёт нас в гости́нице.
Таня: Хорошó. Подни́мемся на бáшню в другóй раз. А тепéрь поéдем с товáрищем Бéргером в Трéптов-парк.

3. В Трéптов-пáрке

Бéргер: Сейчáс мы в Трéптов-пáрке. В э́том пáрке нахóдится пáмятник совéтским вóинам, котóрые поги́бли в послéдние дни Вели́кой Отéчественной войны́ здесь, в Берли́не.
Пионéрка: Вы из Совéтского Сою́за?
Таня: О, ты говори́шь по-рýсски?
Шýбин: Да, мы из Совéтского Сою́за.
Пионéр: Вы из какóго гóрода?
Таня: Из Москвы́. Вы хорошó говори́те по-рýсски.
Пионéрка: Мы изучáем рýсский язы́к в шкóле.
Шубин: В какóм клáссе ты ýчишься?

Пионе́р: В восьмо́м.
Та́ня: Вы уже́ бы́ли в Москве́?
Пионе́рка: Нет. Но мы перепи́сываемся с сове́тскими пионе́рами из Москвы́.
Пионе́р: У меня́ в Москве́ есть друг — Ко́ля. Он то́же у́чится в восьмо́м кла́ссе.
Шу́бин: Это хорошо́, что вы дру́жите с на́шими пионе́рами. Моме́нт.
Та́ня: И что вы так хорошо́ говори́те по-ру́сски.
Шу́бин: Смотри́те, ребя́та! Это вам!
Пионе́р: Спаси́бо. Значки́ то́же?
Та́ня: Это то́же вам.
Пионе́р: Спаси́бо. Дай мне.
Та́ня/Шу́бин: Возьми́!
Пионе́р: Хоро́ший значо́к! Спаси́бо.
Шу́бин: Ну как, нра́вится?
Пионе́рка: Каки́е краси́вые откры́тки! Это Москва́.
Пионе́р: Да, Кра́сная пло́щадь. Большо́е спаси́бо.
Шу́бин: А э́то са́мый центр Москвы́.
Та́ня: Приезжа́йте к нам в Москву́!
Шу́бин: Всего́ хоро́шего. До свида́ния.
Все: Спаси́бо! Всего́ хо́рошего! До свида́ния.
Пионе́ры: До свида́ния. Спаси́бо.
Шу́бин: А вы уже́ бы́ли в Москве́, това́рищ Бе́ргер? Вы так хорошо́ говори́те по-ру́сски.
Бе́ргер: Нет, я ещё никогда́ не́ был в СССР. Мне уже́ давно́ хо́чется пое́хать в Москву́.
Шу́бин: Ну, вы ещё, коне́чно, уви́дите на́шу столи́цу.
Бе́ргер: Да, я то́же так ду́маю.
Та́ня: А тепе́рь куда́ пойдём, Герха́рд?
Бе́ргер: Скажи́те, что вас ещё интересу́ет? Хоти́те осмотре́ть телеба́шню?
Та́ня: С удово́льствием.

3а. Упражнéние

Как сказáл Гéрхард Бéргер? «Хотите осмотрéть телебáшню?»

Примéр:

Это Бранденбу́ргские ворóта.
Хоти́те осмотрéть Бранденбу́ргские ворóта?

Ну, начнём! Спроси́те вы!

Это Госудáрственная библиотéка.
......
    Хоти́те осмотрéть Госудáрственную библиотéку?

А э́то берли́нский университéт.
......
    Хоти́те осмотрéть берли́нский университéт?

Это Музéй немéцкой истóрии.
......
    Хоти́те осмотрéть Музéй немéцкой истóрии?

Это Дом учи́теля.
......
    Хоти́те осмотрéть Дом учи́теля?

4. Новые жилы́е домá в Берли́не

Бéргер: Смотри́те! Здесь мы стрóим жилы́е домá, в котóрых бу́дет жить 2000 семéй.
Таня: Это больши́е кварти́ры?
Бéргер: В три, четы́ре кóмнаты. Если хоти́те, мы мóжем осмотрéть одну́ из них.
Таня: Да.
Гриша: С удовóльствием.
Бéргер: Смотри́те, э́та кварти́ра ужé готóва. Вот это коридóр. Слéва ку́хня. Здесь есть электри́чество, холóдная и горя́чая водá, центрáльное отоплéние.
Таня: А что э́то за кóмната?
Бéргер: Это бу́дет столóвая.
Таня: Скóлько кóмнат в э́той кварти́ре?
Бéргер: Три.
Гриша: Хорошó.

Бергер: Это будет спальня. А это будет детская. Пожалуйста. Сюда можно поставить две кровати, шкаф, стол ...

Гриша: Герхард, вы очень хорошо знаете эту квартиру.

Бергер: Конечно. Ведь это моя новая квартира. Мы получили её две недели тому назад.

Гриша: О! Поздравляю. Это, действительно, прекрасная квартира.

Бергер: Спасибо, Григорий Васильевич.

Таня: Я тоже поздравляю, Герхард. Я очень рада за вас.

Бергер: Спасибо. Прошу вас сюда, товарищи, на балкон. Вот смотрите — это маленькое здание — детский сад, в который будут ходить наши дети. А вот слева — это новая школа.

Таня: И магазин совсем рядом!

Гриша: Наши коллеги в ГДР хорошие строители.

Бергер: Григорий Васильевич! Татьяна Андреевна! Завтра вы едете на неделю в Лейпциг и Дрезден. А когда вы вернётесь в Берлин, мы уже будем жить в новой квартире. Разрешите пригласить вас в гости.

Гриша: С удовольствием.

Бергер: Моя жена тоже будет очень рада.

Гриша: Большое спасибо.

Таня: Мы с удовольствием придём, Герхард.

5. В гостях у семьи Бергер

Бергер: Ну, как? Нравится вам наша квартира?

Таня: Очень нравится.

Гриша: Да. Всё здесь так, как вы нам рассказывали семь дней тому назад.

Бергер: Да, теперь всё стоит на своих местах. Пожалуйста! За наших гостей!

Таня: За вас!

Жена Бергера: Пожалуйста, садитесь.

Бергер: Пожалуйста.

Гриша: Таня, возьмите, пожалуйста. Дорогие друзья! Я второй раз в ГДР и знал, что мы здесь встретим хороших друзей. Таня первый раз в вашей республике.

Таня: Но и я чувствую себя здесь очень хорошо.

Гриша: Разрешите поблагодарить вас и в знак нашей дружбы передать вам эти подарки.

Таня: Это вам настоящий русский самовар.

Жена: Большое, большое спасибо!
Гриша: А это вам, Герхард: альбом »Московские мотивы«. Пожалуйста.
Бергер: Большое спасибо, Григорий Васильевич. Кремль, Красная площадь, Москва-река ... Какие хорошие фотографии! О! Матрёшки из Москвы.
Таня: Да, для детей ...
Гриша: А эти значки — подарок вашим детям от моей дочки.
Жена: O! Sehr schöne Abzeichen!
Бергер: Большое спасибо, друзья. Эти значки и матрёшки мы завтра передадим детям. Они уже спят. А сейчас прошу вас за стол.
Гриша: Герхард, у нас есть для вас очень интересная новость! Сегодня утром мы были у вашего директора. Он сказал нам, что ...
Таня: ... что через несколько дней группа лучших молодых строителей вашего комбината летит в Москву и что ...
Гриша: ... и что руководителем этой туристской группы будете вы, Герхард!
Бергер: Я? В Москву?
Гриша: Да. Всё уже готово. Вы летите через 10 дней.
Бергер: Таня, я лечу в Москву!
Таня: Поздравляю, Герхард.
Бергер: Гриша, это значит, мы снова увидимся в Москве.
Гриша: Конечно. А ваша жена, что она скажет ...?
Жена: Wie sagt man russisch? Я желаю тебе счастливого пути!

XIV. Берлинские строители в Москве

1. В больнице

Медсестра: Подождите, пожалуйста, несколько минут.
Вера: Мой муж останется здесь?
Медсестра: Ещё не знаю. Его сейчас осматривает врач.
Вера: Хорошо, я подожду.

Медсестра: Не беспокойтесь!
Вера (читает): Ординаторская. Операционные залы. Ну, что, Гриша?
Гриша: Верочка! Иди домой! Мне будут делать операцию.
Медсестра: Да, вашему мужу сделают операцию. Не беспокойтесь. Всё будет хорошо!
Гриша: Сколько дней я буду лежать в больнице?
Медсестра: Я думаю, вы проведёте у нас 10 дней.
Гриша: До свидания, Верочка, не беспокойся за меня. Передай привет детям.
Вера: Конечно, Гриша, передам. Я буду звонить и приходить к тебе.
Гриша: И позвони на комбинат! А что будет с товарищами из ГДР? Я ведь хотел им показать Москву.
Вера: Не беспокойся. Таня всё сделает. Она девушка практичная. До свидания, Гриша!

2. На Красной площади

Таня: Разрешите представить вам директора нашего комбината Павла Сергеевича Кашина.
Директор: Здравствуйте, товарищи. Вы знаете, что Григорий Васильевич заболел?
Таня: Да, мы уже знаем, что он в больнице.
Бергер: Вы узнали, что с ним?
Директор: Да, у него аппендицит. Сегодня его будут оперировать. Не беспокойтесь, всё будет хорошо.
Таня: Потом я позвоню в больницу, узнаю, как прошла операция.
Директор: Хорошо, так и сделаем. А теперь будем осматривать Красную площадь. Вы первый раз в Москве?
Бергер: Да, и первый раз на Красной площади. Спасская башня! Весь мир её знает. Как много людей у Мавзолея Ленина!
Директор: Да, сюда приходят миллионы граждан из всех республик, городов и деревень Советского Союза...
Таня: Ты знаешь, Герхард, что Красная площадь — самая большая площадь в мире?
Бергер: Да. Мы ещё в школе часто говорили о Москве и о Красной площади.
Директор: Да, Красная площадь играет большую роль в истории нашего народа.
Бергер: Мы часто смотрим по телевизору парады и демонстрации, которые здесь проходят.

3. На площади Свердлова

Директор: Посмотрите, товарищи, перед вами площадь Свердлова — это театральная площадь.
Бергер: Почему театральная площадь?
Директор: Здесь 3 театра: Большой театр, Малый театр и Центральный детский театр. Таня уже заказала вам билеты.
Бергер: В детский театр?
Директор: Нет, в Большой.
Бергер: Мы очень рады. Большое спасибо! А! Знаменитый памятник Карлу Марксу!
Директор: Да. А вот Дом Совета Министров. Здесь работает советское правительство.
Бергер: Дом Совета Министров СССР.

3а. Упражнение

Мы у московского государственного университета. Отсюда прекрасный вид на Москву-реку — и на город.

Пример:

Турист: Скажите, пожалуйста, какая это станция метро?
Москвич: Ленинские горы.

А теперь вы ответьте, пожалуйста, на вопросы!

Турист: Как называется этот стадион?
(Центральный стадион имени Ленина)
. . . . . .

                      Это Центральный стадион имени Ленина.

Турист: А что это за здание?
(Московский государственный университет)
. . . . . .

                      Это здание Московского государственного университета.

Турист: А что мы видим сейчас?
(Кремль)
. . . . . .

                      Мы видим Кремль.

Тури́ст: На како́м проспе́кте нахо́дятся э́ти зда́ния?
(проспе́кт Кали́нина)
......   На проспе́кте Кали́нина.

3б. Упра́жнение

Приме́р:

Это Центра́льный стадио́н.
Вы ещё познако́митесь с Центра́льным стадио́ном.

А тепрь вы!

Здесь на Ле́нинских гора́х нахо́дится Моско́вский госуда́рственный университе́т.
......
                    Вы ещё познако́митесь с Моско́вским госуда́рственным университе́том.

А там в це́нтре — Кремль.
......
                    Вы ещё познако́митесь с Кремлём.

Это но́вые зда́ния на проспе́кте Кали́нина.

                    Вы ещё познако́митесь с но́выми зда́ниями на проспе́кте Кали́нина.

XV. В молодёжном клубе

1. На строительстве

Таня: Вы свободны сегодня вечером?
Бергер: Мы свободны.
Таня: Вы интересуетесь музыкой и литературой?
Бергер: Конечно!
Таня: Приходите к нам в молодёжный клуб.
Бергер: В молодёжный клуб?
Таня: Да. Молодёжная бригада нашего комбината приглашает всю вашу группу в клуб. У нас сегодня будет интересный вечер.
Бергер: Спасибо! Мы с удовольствием придём.
Таня: Кроме того, мы покажем вам, как работают наши кружки.
Бергер: Хорошо. Когда и где мы встретимся?
Таня: Вечер начнётся в 20 часов. Я буду ждать вас в 19.50 ч. у входа в клуб.
Бергер: Хорошо.

2. Вечером в клубе

Таня: Разрешите представить вам мою подругу. Это Лена. Она секретарь нашей комсомольской организации.
Лена: Очень приятно.
Бергер: Очень приятно с вами познакомиться!
Лена: Добро пожаловать, дорогие товарищи. Мы очень рады, что вы пришли.
Таня: Пожалуйста, проходите! Прошу вас.
Лена: Садитесь, пожалуйста.
Бергер: Благодарим вас за приглашение.
Лена: Вы хорошо говорите по-русски, Герхард. Вы уже были в Советском Союзе?
Бергер: Нет, я первый раз здесь!
Таня: Ему уже давно хотелось познакомиться с Москвой.
Бергер: Да.
Лена: Внимание! Дорогие товарищи из ГДР! Друзья! Мы очень рады, что сегодня к нам пришли гости из Германской Демократической Республики. Мы вместе проведём сегодняшний вечер и познакомим дорогих гостей с нашим молодёжным клубом.
Здесь каждый может заниматься своим любимым делом. А сейчас

выступит группа художественной самодеятельности нашего клуба. Прошу вас.
Таня: Мы споём «Марш космонавтов».
Бергер: О! Смотрите, кто к нам пришёл. Григорий Васильевич.
Таня: А теперь мы покажем вам весёлый танец «Самовар».
Все: Здравствуйте.
Лена: Друзья! Сегодня у нас ещё один дорогой гость. Гриша, мы очень рады, что ты пришёл на наш вечер.
Таня: Песню «Я люблю тебя, жизнь», наверно, знают и наши немецкие друзья! Я очень рада, что вы здоровы. Здравствуйте, Григорий Васильевич!
Гриша: Здравствуйте, Таня. Спасибо.
Бергер: Как вы себя чувствуете, Григорий?
Гриша: Спасибо, хорошо. Завтра я еду в дом отдыха!
Лена: А теперь Таня и Гриша покажут вам наш молодёжный клуб. А меня простите, пожалуйста. Мне нужно поговорить с товарищем.
Таня: Прошу вас.

2а. Упражнение

Таня: Разрешите представить вам мою подругу.

Пример:

(*моя подруга*)
Разрешите представить вам мою подругу.

А теперь вы, пожалуйста!

(*мой отец*)
. . . . . .

Разрешите представить вам моего отца.

(*моя мать*)
. . . . . .

Разрешите представить вам мою мать.

(*мой старший брат*)
. . . . . .

Разрешите представить вам моего старшего брата.

(*старшая сестра*)
. . . . . .

Разрешите представить вам мою старшую сестру.

3. Осмотр молодёжного клуба

Таня: А здесь занимается литературный кружок. Члены кружка читают стихи своих любимых поэтов.

Лена: А иногда и сами пишут стихи.

Таня: Часто они устраивают литературные вечера, вместе читают новые книги или спорят о литературе.

Гриша: Вот в этом помещении можно смотреть телевизионные передачи.

Таня: Ребята! Что сегодня идёт по телевизору?

Девушка: По первой программе передача телевидения ГДР. По второй программе — телевизионный фильм «Вера — Надежда — Любовь». По третьей программе — народный ансамбль.

Бергер: А сколько у вас программ?

Таня: Четыре.

Юноша: Хотите посмотреть?

Гриша: К сожалению, сейчас у нас нет времени.

Бергер: О! Модель московской телебашни!

Юноша: Да, это работа членов нашего кружка.

Таня: Саша, это товарищи из ГДР — тоже строители.

Юноша: Очень приятно! Хотите посмотреть наши работы?

Бергер: С удовольствием.
Юноша: Пойдёмте со мной.
Все: Здравствуйте.
Юноша: Вот. Все эти модели мы сделали сами.
Бергер: Хорошо. А эти фото вы тоже сделали сами?
Юнома: Да.
Бергер: Прекрасно. Вы действительно можете гордиться вашей работой. Поздравляю вас.
Юноша: Спасибо!
Лена: А теперь мы проведём небольшое соревнование. Прошу вас в зал.

4. Соревнование

Таня: Начнём, товарищи москвичи. Мы покажем вам несколько фотографий. Скажите нам, на какой из них вы видите Берлинский университет!
1-й комсомолец: На первой фотографии!
Таня: Правильно. А теперь скажите вы, на какой фотографии вы видите гостиницу «Россия»?
Бергер: На второй!
Таня: Правильно. А теперь вопрос москвичам: В каком городе ГДР находится этот памятник Ленину? В Берлине, в Эйслебене или в Лейпциге?
2-й комсомолец: В городе Эйслебене есть памятник Ленину.
Девушка: Но этот памятник находится в Берлине, на площади Ленина.
Таня: Правильно. В Берлине. А теперь скажите вы! Где В. И. Ленин провёл последние годы жизни? В Смольном в Ленинграде, в Кремле в Москве или в Ленинских Горках?
Бергер: В Ленинских Горках.
Таня: Очень хорошо. На этом мы кончаем наше маленькое соревнование. Наши гости на все вопросы ответили правильно, москвичи тоже.
Все: Поздравляем. И вас. Спасибо. А вот ваш приз: завтра вы вместе поедете на автобусе в Ленинские Горки.
Бергер: В Ленинские Горки? Прекрасный приз!
Москвичи: Хорошо!
Лена: Григорий Васильевич, вы помогали создавать этот клуб.
Гриша: Да.

Ле́на: Разреши́те взять у вас интервью́?
Гри́ша: С удово́льствием.
Ле́на: Когда́ вы на́чали стро́ить э́тот клуб?
Гри́ша: 5 лет тому́ наза́д.
Ле́на: Расскажи́те, ка́к это бы́ло.
Гри́ша: Тогда́ мы мно́го спо́рили о том, ка́к мо́жно интере́сно проводи́ть свобо́дное вре́мя. В э́том альбо́ме исто́рия на́шего клу́ба. Одна́жды на комсомо́льском собра́нии наш секрета́рь предложи́л нам созда́ть молодёжный клуб. Снача́ла мно́гие из нас бы́ли про́тив э́того предложе́ния.
Ле́на: Почему́?
Гри́ша: Потому́ что мы не зна́ли, отку́да взять необходи́мые де́ньги. Мы до́лго спо́рили, но пото́м согласи́лись с э́тим предложе́нием.
Ле́на: Все необходи́мые рабо́ты вы сде́лали са́ми?
Гри́ша: Да. Мы бы́ли строи́телями и архите́кторами, маляра́ми и декора́торами.
Ле́на: Отку́да вы доста́ли де́ньги?
Гри́ша: Часть де́нег мы зарабо́тали са́ми. И, коне́чно же, комбина́т всё вре́мя помога́л нам. Пожа́луйста.
Ле́на: Вы, наве́рно, о́чень лю́бите свой клуб?
Гри́ша: Да, о́чень. Мы, мо́жно сказа́ть, горди́мся свои́м клу́бом.
Ле́на: Я э́то о́чень хорошо́ понима́ю. Спаси́бо за интервью́.

XVI. На строительстве в Таджикистане

1. По дороге из Думанбе́ в Нуре́к

Гриша: Я о́чень рад, что мы ско́ро опя́ть начнём рабо́тать.
Таня: А я ра́да, что вы опя́ть здоро́вы — и что мы вме́сте бу́дем рабо́тать здесь в Таджикиста́не.
Хами́дов: Вот ка́рта Сове́тского Сою́за.
Гриша: Спаси́бо! Вот Таджикиста́н.
Таня: Интере́сно! Покажи́те! Где Нуре́к?
Хами́дов: Это ка́рта Таджикиста́на.
Гриша: Вот Душанбе́. А здесь, на берегу́ реки́ Вахш, нахо́дится Нуре́к.

Таня: Нурек совсем новый город?
Инженер: Да. Раньше это была маленькая деревня. А в шестидесятых годах здесь начали строить ГЭС. С тех пор и растёт наш Нурек.

2. В Нуреке

Хамидов: Приехали, товарищи! Вот и наш Нурек.
Таня: Прекрасно!
Гриша: «Я знаю город будет...»
Таня: Как? Что вы говорите? «Я знаю город будет...» — Маяковский!
Инженер: Эти стихи Маяковсокого — девиз строителей нашего города. Вот, посмотрите: жилые дома, новый универмаг, наш Дом культуры, здание комитета партии... 15 лет тому назад всего этого ещё не было. Была только маленькая деревня со старыми домиками с плохими дорогами. А кроме того, у нас было мало воды. Вода — это большая проблема в нашей республике. Конечно, у нас есть реки, например, Вахш. Но их мало. Поэтому мы начали строить каналы, дамбы, шлюзы и бассейны. День, когда начал работать первый канал, когда вода пришла на поля колхозников, был для нас настоящим праздником. Во многих районах раньше не было и электричества. И в шестидесятом году партия и правительство решили построить Нурекскую ГЭС и новый социалистический город Нурек. Этому городу, конечно, тоже нужны были вода и электричество.
Гриша: И всё это вам даст новая ГЭС?
Инженер: Да. ГЭС даст воду и электричество не только Нуреку, но и другим городам и деревням, а также промышленности.
Таня: Вы можете гордиться своим новым городом.
Инженер: Да. Жители Нурека гордятся своим городом и всем тем, что они построили.
Гриша: И они правы.

2а. Упражнение

Таня: Вы можете гордиться
  своим новым городом.

Пример:
Вот новые жилые дома.

Вы мо́жете горди́ться свои́ми
но́выми жилы́ми дома́ми.

*А тепе́рь скажи́те вы, чем мо́гут
горди́ться жи́тели Нуре́ка!*

Это универма́г.
. . . . . .

                                     Вы мо́жете горди́ться свои́м
                                     универма́гом.

А здесь нахо́дится кинотеа́тр.
. . . . . .

                                     Вы мо́жете горди́ться свои́м
                                     кинотеа́тром.

А вот э́то Дом культу́ры.
. . . . . .

                                     Вы мо́жете горди́ться свои́м
                                     До́мом культу́ры.

А здесь пе́ред на́ми строи́-
тельство.
. . . . . .

                                     Вы мо́жете горди́ться свои́м
                                     строи́тельством.

3. На строи́тельстве ГЭС

Та́ня: На тако́м большо́м строи́тельстве я ещё никогда́ не была́.
Инжене́р: Посмотри́те на э́ту плоти́ну. Её высота́ бу́дет 320 ме́тров, а ширина́ 750 ме́тров.
Та́ня: Това́рищ Королёв то́же здесь на плоти́не рабо́тает?
Инжене́р: Нет. Сейча́с он рабо́тает в тунне́ле. Спроси́те у бригади́ра, наве́рно, он зна́ет, где Королёв.
Гри́ша: Да, да, Та́ня, иди́те.
Инжене́р: Как ви́дите, те́хника у нас но́вая.
Гри́ша: У вас действи́тельно интере́сная техноло́гия!
Инжене́р: Григо́рий Васи́льевич, пое́дем на генера́торную ста́нцию?
Гри́ша: Да, генера́торную ста́нцию я до́лжен посмотре́ть!
Бригади́р: Вот, смотри́те! Это пе́рвый тунне́ль. Его́ длина́ 1600 ме́тров.
Та́ня: А ско́лько всего́ тунне́лей?
Бригади́р: Приблизи́тельно 22 тунне́ля. А вот второ́й тунне́ль. Че́рез него́ бу́дет проходи́ть река́ Вахш, когда́ бу́дет постро́ена пе́рвая часть плоти́ны и начну́т рабо́тать пе́рвые две турби́ны.
Та́ня: Он тако́й же дли́нный, как пе́рвый тунне́ль?

Бригадир: Да, приблизительно. А вот третий туннель. Смотрите, а там ещё один туннель.

Таня: Это туннель для транспорта?

Бригадир: Да. Через него машины привозят все необходимые материалы. У нас нет железной дороги. Всё привозят на машинах. Смотрите.

Таня: А товарищ Королёв тоже работал на строительстве туннелей?

Бригадир: Королёв? Да. Конечно! Мы работали под его руководством. Хороший инженер-строитель!

Таня: Вы знаете, где он сейчас?

Бригадир: Сейчас он уже здесь не работает.

Таня: Не работает?

Бригадир: Нет. 3 недели тому назад он начал работать там на генераторной станции.

Инженер: Ну, Григорий Васильевич, как вам нравится наша станция?

Гриша: Очень нравится. Когда вы окончите строительство?

Инженер: Приблизительно на месяц раньше, чем было запланировано.

Гриша: Таня, вы уже готовы? Материалы собрали?

Таня: Да, всё готово. А кроме того, я узнала, что «наш» Королёв уже три недели работает здесь.

Мастер: Иван Андреевич Королёв? Да, он у нас работает. Но сегодня его нет.

Гриша и Таня: Нет?!

Мастер: Нет! Вы пришли его поздравить?

Гриша: Поздравить?

Таня: С чем?

Мастер: Иван Андреевич сегодня женится. После работы вся наша бригада поедет его поздравлять.

Таня: А мы можем поехать с вами?

Мастер: Конечно. Иван Андреевич будет рад гостям. Разрешите пригласить вас на его свадьбу.

Таня: Ну что, Григорий?

Гриша: Поедем.

Мастер: Пожалуйста.

4. На свадьбе

Директор: Дорогая Изолат! Дорогой Иван Андреевич! Разрешите передать вам, лучшим строителям Нурекской ГЭС, вот этот подарок.

Изола́т: Ключ?
Таджи́к: Ключ в пода́рок?
Друг: Что э́то за ключ?
Дире́ктор: Это символи́ческий ключ. Ключ от ва́шей но́вой кварти́ры.
Королёв. От но́вой кварти́ры?
Изола́т: Кварти́ра? Для нас?
Дире́ктор: Да, вы получа́ете но́вую кварти́ру на у́лице Дру́жбы наро́дов.
Королёв: Большо́е спаси́бо, Анва́р Кири́мович.
Изола́т: . . . и за кварти́ру, за до́брые слова́ спаси́бо!
Дире́ктор: Бу́дьте сча́стливы!
Ма́стер: Поздравля́ю вас. Бу́дьте сча́стливы! А вот э́ти това́рищи хотя́т переда́ть вам приве́т из ГДР.
Королёв: Из ГДР?
Ма́стер: Да. Из ГДР. Разреши́те предста́вить вам э́тих инжене́ров из Москвы́.
Королёв: О́чень прия́тно. Но я вас не совсе́м понима́ю. Из Москвы́? А вы сказа́ли из ГДР?
Гри́ша: Снача́ла разреши́те и нам поздра́вить молоду́ю па́ру и пожела́ть вам всего́, всего́ хоро́шего. Поздравля́ю вас.
О́ба: Спаси́бо, большо́е!
Та́ня: А э́то из ГДР, от ва́шего дру́га Ге́рхарда Бе́ргера, с кото́рым мы познако́мились в Герма́нской Демократи́ческой Респу́блике.
Королёв: От Ге́рхарда из Берли́на?!
Та́ня: Жела́ю вам всего́ до́брого, здоро́вья и сча́стья!
Королёв: Большо́е спаси́бо и вам.
Изола́т: Ещё оди́н ключ!?
Королёв: Второ́й ключ?
Изола́т: Како́й краси́вый.

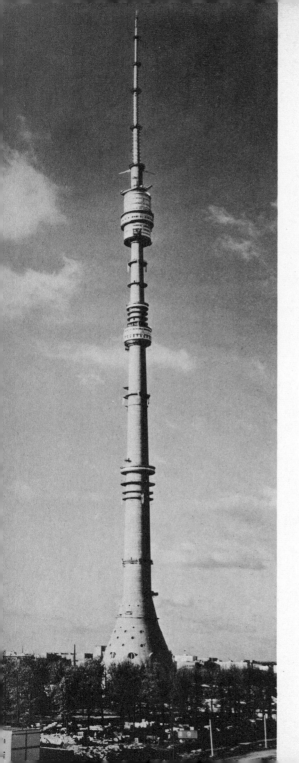

XVII. В московском телецентре

Это московская телебашня в Останкино — самая высокая телебашня в мире. Её высота: 533 метра. Здесь в Москве, в районе Останкино, находится московский телецентр. Наша сегодняшняя передача так и называется «В московском телецентре». Этот центр передаёт четыре телевизионных программы. В наши дни почти у каждой семьи уже есть телевизор. Конечно, и в семье Григория любят смотреть телевизионные передачи. Вера и Григорий купили новый цветной телевизор.

1. В квартире Филатовых на проспекте Калинина

Андрей: Как хорошо, что у нас теперь цветной телевизор.
Гриша: Он тебе нравится?
Андрей: Очень нравится.
Света: Мне тоже! Можно посмотреть?
Гриша: Нет, нет, Света. Передача для детей будет после обеда.
Андрей: Теперь мы можем смотреть все четыре программы и цветные передачи.
Гриша: Конечно! А сегодня вечером будет очень интересная передача по первой программе. Вы тоже можете её посмотреть.
Света: Вечером! Кто это?

Гриша: Да, вечером. Это, наверно, тётя Таня.
Света: Я открою.
Андрей: Нет, я открою.
Таня: Здравствуй, Вера. Здравствуйте, Гриша.
Вера: Здравствуй, Таня.
Света: Здравствуйте, тётя Таня.
Андрей: Пойдёмте в комнату!
Света: Ты ничего не видишь, тётя Таня?
Таня: Нет.
Андрей: Посмотрите, что там стоит.
Таня: Ой! Новый телевизор!
Света: Да, папа и мама купили его вчера.
Таня: Вы уже смотрели телевизионные передачи?
Гриша: Нет, телевизор нам принесли только час тому назад.
Андрей: Татьяна Андреевна, приходите сегодня вечером к нам смотреть телевизор.
Таня: К сожалению, сегодня вечером не смогу.
Андрей: Почему?
Вера: Потому что тётя Таня сегодня работает. И папа тоже.
Андрей: Работает? Ведь сегодня суббота.
Гриша: Да, и поэтому работа у нас особенная!
Андрей: Какая?
Гриша: Подожди, сам увидишь.
Вера: Отнесите это в кухню.
Гриша: Дети ещё ничего не знают. Посидите, Таня, у нас ещё есть время! До Останкино отсюда всего 30 минут.
Андрей: Татьяна Андреевна, вы видели сегодняшнюю программу телевизионных передач?
Таня: Нет, но я слышала её по радио.
Света: По радио?
Таня: Да, каждый день в 8 ч. 30 м. передают программу радио и телевидения.
Андрей: Знаю. Татьяна Андреевна, мне очень хочется узнать, какая программа будет сегодня вечером.
Таня: Сегодня вечером?
Андрей: Вы знаете, что идёт по первой программе?
Таня: Нет, не знаю.
Андрей: Папа сказал, что сегодня вечером будет интересная телевизионная передача ...
Света: ... и что мы можем её посмотреть.

Андрей: А что это за передача, мы не знаем.
Вера: Таня, чашку кофе?
Таня: Спасибо. Я, наверно, тоже куплю цветной телевизор. А какие передачи тебя больше всего интересуют, Вера?
Вера: Я люблю смотреть научно-популярные и художественные фильмы, телеспектакли. И, конечно, интересуюсь политическими событиями.
Таня: А твой муж в последнее время особенно интересуется спортивными передачами.
Вера: Да, и конечно, передачами на научные темы.
Андрей: А мне нравятся передачи для детей.
Света: А ты, тётя Таня? Что ты любишь смотреть?
Таня: Мне тоже нравятся современные телеспектакли и телефильмы. А кроме того, я часто смотрю учебную программу «Немецкий язык».
Андрей: Вы интересуетесь немецким языком?
Таня: Очень. Ведь мы с вашим папой были в ГДР. С тех пор я много занимаюсь немецким языком.
Света: Мой папа тоже иногда смотрит уроки немецкого языка по телевизору.
Гриша: Таня, уже 10.30! Нам надо ехать. Пошли.
Таня: Я готова.

1а. Упражнение

Диктор:
Здравствуйте, товарищи!
Центральное телевидение начинает передачи по первой программе.
Сегодня вы увидите в 11.15 «Гимнастика для всех»
в 11.30 «Комсомольск» — художественный фильм
в 13.00 концерт
в 14.00 «Спорт за неделю»
в 14.30 Передача для детей — телефильм «Мой добрый папа»
в 15.00 «Новости дня» Киножурнал № 40
в 15.30 Художественный фильм «Шестое июля»

Ответьте на вопрос:

Когда идёт передача «Спорт за неделю»?
......

Передача «Спорт за неделю» идёт в 14 часов.

*А тепе́рь скажи́те, каки́е
переда́чи вам нра́вятся!*

Приме́р:

Каки́е переда́чи вам нра́вятся?
(телеспекта́кли)
Мне нра́вятся телеспекта́кли.

Отве́тьте, пожа́луйста!

Каки́е переда́чи вам нра́вятся?
(нау́чно-популя́рные фи́льмы)
. . . . . .   Мне нра́вятся нау́чно-
         популя́рные фи́льмы.

(телевизио́нные но́вости)
. . . . . .   Мне нра́вятся телевизио́нные
         но́вости.

(уче́бные переда́чи)
. . . . . .   Мне нра́вятся уче́бные переда́чи.

2. В столо́вой у Фила́товых

Ве́ра: Вот, ребя́та. Эта переда́ча, наве́рно, вам понра́вится. В 20.00 ч.: «На стро́йках коммуни́зма».
Андре́й: Это та переда́ча, о кото́рой па́па говори́л?
Вера: Да. В э́той переда́че мы уви́дим на экра́не ... па́пу и тётю Та́ню.
Света: Ой, как хорошо́! Па́пу бу́дут пока́зывать по телеви́зору.
Андрей: И тётю Та́ню то́же?
Вера: Да, это бу́дет телерепорта́ж. В нём рабо́чие и инжене́ры расска́жут о свое́й рабо́те на строи́тельстве. Среди́ них бу́дут и па́па, и Татья́на Андре́евна.
Андрей: А, тепе́рь я зна́ю, куда́ они́ пое́хали рабо́тать. В Оста́нкино!
Вера: Пра́вильно. Они́ пое́хали в телеце́нтр в Оста́нкино.

3. В телеце́нтре Оста́нкино

Та́ня и Григо́рий в вестибю́ле моско́вского телеце́нтра в Оста́нкино. Их встреча́ет помо́щник режиссёра.

Таня: Понима́ете, всё э́то для меня́ — совсе́м но́во. Я ещё никогда́ ...
Гриша: Не беспоко́йтесь, Та́ня.

Ассистéнт: Ничегó. Всё бýдет хорошó. Пойдёмте, в провожý вас. Пойдёмте, прошý вас.

Режиссёр: Товáрищи, чéрез 5 минýт начинáется нáша передáча. Пожáлуйста, занимáйте местá.
Помрежиссёр: Всё готóво.
Режиссёр: Внимáние, товáрищи. Вы готóвы?
Óба: Готóвы.
Режиссёр: Хорошó. Начнём. Нáчали!
Ведýщий: Дорогúе телезрúтели. Мнóгие из вас получúли нóвые квартúры. Мнóгие рабóтают на нóвых завóдах. Вáши дéти ýчатся в нóвых шкóлах. Иногдá вы обéдаете úли ýжинаете в нóвом ресторáне, живёте в нóвой гостúнице, чáсто дéлаете покýпки в нóвом магазúне. Вы гордúтесь нóвыми электростáнциями, нóвыми высóтными здáниями. Всё э́то создаю́т нáши совéтские строúтели, тéхники, инженéры, архитéкторы. Сегóдняшний репортáж «На стрóйках коммунúзма» расскáзывает о рабóте на строúтельстве в рáзных респýбликах нáшей рóдины. Сегóдня у нас в гостя́х товáрищи с москóвского строúтельного комбинáта. Онú рабóтали и на мнóгих стрóйках страны́. Это бригадúры молодёжных бригáд, Ирúна Андрéевна Журавлёва и Пётр Ивáнович Смирнóв. А ря́дом со мной молодóй инженéр Татья́на Андрéевна Кубрякóва и глáвный инженéр комбинáта Григóрий Васúльевич Филáтов.

4. В столóвой у Филáтовых

Света: Котóрый час?
Андрей: Ужé 19.55 часóв.
Света: А папа сказáл, что нельзя́!
Андрей: Но передáча «На стрóйках коммунúзма» уже начинáется.
Света: По какóй прогрáмме?
Андрей: Ты не знáешь?
Света: Нет. Я забы́ла.
Андрей: Я тóже забы́л. Ну, ничегó, посмóтрим.
Света: Нет!
Андрей: Навéрно, по вторóй прогрáмме. Подождём!
Вера: Это какáя прогрáмма, Андрей?
Андрей: Вторáя!
Вера: А передáчу с пáпой и с тётей Тáней покáзывают по пéрвой прогрáмме.

Света: А вот папа!
Андрей: Интере́сно, да?
Ве́ра: Пс, ребя́та, послу́шайте, что расска́зывают па́па и тётя Та́ня.
Гри́ша: ... мы бы́ли в Новосиби́рске ... на не́скольких строи́тельных объе́ктах, где но́вые ме́тоды помогли́ зако́нчить строи́тельство жилы́х домо́в на две, три неде́ли ра́ньше, чем бы́ло заплани́ровано.
Веду́щий: Вы бы́ли в Сиби́ри зимо́й?
Гри́ша: Да.
Та́ня: Бы́ло о́чень хо́лодно. 40 гра́дусов. Но строи́тели рабо́тали!
Веду́щий: Вы рабо́тали на мно́гих стро́йках. А где вам осо́бенно понра́вилось? Где вы хоте́ли бы рабо́тать?
Та́ня: В Академгородке́.

XVIII. На стадионе

В Москве, на берегу Москвы-реки, находится Центральный стадион имени Ленина. Это настоящий город спорта. На его территории находятся открытые летние стадионы и закрытый зимний стадион. Здесь есть площадки для волейбола, баскетбола, тенниса и лёгкой атлетики. На Центральном сладионе есть красивый плавательный бассейн. Наша сегодняшняя передача называется: «На стадионе». Наши друзья уже тренируются на стадионе.

1. Тренировка на стадионе

Андрей: Папа, мы теперь каждый день будем тренироваться?
Гриша: Да, каждый день.
Андрей: Осенью тоже?
Гриша: Конечно! И осенью тоже!
Вера: А каким видом спорта мы будем заниматься зимой?
Гриша: Зимой?

Андрей: Зимо́й бу́дем ходи́ть на лы́жах.
Све́та: И́ли бе́гать на конька́х.
Гри́ша: А весно́й мы бу́дем пла́вать в закры́том пла́вательном бассе́йне.
Андре́й: И ка́ждый день мы бу́дем занима́ться гимна́стикой.
Гри́ша: Коне́чно! Ка́ждый день! Вперёд!
Све́та: Ма́ма, во что они́ там игра́ют?
Ве́ра: В баскетбо́л.
Андре́й: Па́па, когда́ начина́ется Всесою́зная спартакиа́да?
Гри́ша: Послеза́втра.
Андре́й: В како́е вре́мя?
Гри́ша: В два часа́.
Андре́й: А биле́ты у нас уже́ есть?
Гри́ша: Есть.
Андре́й: Ско́лько, па́па?
Гри́ша: Три биле́та.
Андре́й: А почему́ то́лько три?
Гри́ша: Не беспоко́йся! Победи́тели спорти́вных соревнова́ний на́шего молодёжного клу́ба полу́чат сего́дня биле́ты на спартакиа́ду.
Андре́й: Тогда́ мы должны́ победи́ть.

1а. Упражне́ние

Репортёр: Прости́те, пожа́луйста, каки́м ви́дом спо́рта вы занима́етесь?
Спортсме́н: Я занима́юсь ра́зными вида́ми спо́рта.
Репортёр: Каки́м ви́дом спо́рта вы занима́етесь ле́том?
Спортсме́н: Ле́том я игра́ю в те́ннис.

Приме́р:

Каки́м ви́дом спо́рта вы занима́етесь ле́том?
(*игра́ть в те́ннис*)
Ле́том я игра́ю в те́ннис.

А тепе́рь вы отве́тьте, пожа́луйста, на вопро́сы!

Каки́м ви́дом спо́рта вы занима́етесь о́сенью?
(*игра́ть в футбо́л*)
. . . . . . Осенью я игра́ю в футбо́л.

Каким видом спорта вы
занимаетесь зимой?
(*ходить на лыжах*)
......   Зимой я хожу на лыжах.

Каким видом спорта вы
ещё занимаетесь зимой?
(*бегать на коньках*)
......   Зимой я бегаю на коньках.

Каким видом спорта вы
занимаетесь весной?
(*играть в волейбол*)
......   Весной я играю в волейбол.

Каким видом спорта вы
занимаетесь весь год?
(*плавать*)
......   Весь год я плаваю.

2. На спортивных соревнованиях молодёжного клуба

Андрей: Папа, Татьяна Андреевна весь год занимается спортом?
Гриша: Да, она играет в волейбол. Поздравляю, Таня, вы очень хорошо играли.
Таня: Спасибо!
Андрей: Хорошо, что вы победили!
Вера: Я очень болела за вашу команду!
Таня: Мы очень рады. А когда начнутся соревнования по лёгкой атлетике?
Гриша: Через 10 минут.
Вера: За кого ты будешь болеть, Таня?
Таня: Ну, конечно, за Григория Васильевича!
Гриша: Конечно.
Вера: Гриша! Гриша!
Таня: Скорее!
Андрей: Папа, папа, быстрее, папа, скорее, давай — папа, быстрее! Папа не победил.
Вера: Ничего, Андрюша! Принимать участие в соревнованиях — это самое важное!

Света: Тётя Таня! Смотри, мама, какая тётя Таня хорошая спортсменка.
Вера: Да, она, наверно, получит приз. Поздравляю, Таня!
Андрей: Папа тоже ещё получит приз. Он тоже хороший спортсмен.
Таня: Конечно, Андрей. Твой папа очень хорошо плавает.
Вера: Гриша, Гриша!
Андрей и Света: Папа, папа!
Таня: Браво, Григорий Васильевич!
Андрей: Ура! Папа победил!
Света: Теперь он тоже получит приз!
Андрей: Да, наш четвёртый билет!
Лена: Дорогие товарищи! Спорт играет большую роль в нашей жизни. Послезавтра в Москве начнётся Всесоюзная спартакиада. Сегодня вы все принимали участие в спортивных соревнованиях нашего молодёжного клуба. Разрешите передать победителям призы — билеты на спартакиаду. Поздравляю!
Спортсмен: А это для вас!
Дети: О, большое спасибо!
Вера: Андрей...
Андрей: Посмотри, мама.
Гриша: Смотрите, наш четвёртый билет на спартакиаду!
Вера: Очень хорошо, Гриша!
Таня: Это подарок Игорю. Билет на спартакиаду.
Гриша: Игорю? Когда он прилетит?
Таня: Я получила от него телеграмму из Академгородка. Он уже сегодня прилетит в Москву.
Андрей: Татьяна Андреевна, а кто это — Игорь?
Таня: Это мой друг. Он работает в Академгородке, в Сибири. А сегодня вечером он прилетит в Москву.
Вера: Я очень рада за тебя, Таня.
Гриша: А когда прибудет самолёт?
Таня: Через час. А теперь я еду в аэропорт. До послезавтра на спартакиаде!
Вера и Гриша: Большой привет Игорю!

3. В аэропорту Домодедово

Таня: Послезавтра начнётся Всесоюзная спартакиада.
Игорь: Да, я знаю. Мне очень хочется посмотреть спартакиаду. Только у меня ещё нет билета.

Таня: Не беспокóйся. Мы получи́ли от спорти́вного óбщества биле́ты на стадиóн.
Игорь: Это хорошó. Когдá начну́тся соревновáния?
Таня: Началó бу́дет в суббóту, в 2 часá. Но на стадиóне ну́жно быть в час, чтóбы заня́ть хорóшие местá.

4. В Лужникáх

Игорь: Хóчешь пить?
Андрей: Хочу́ морóженого.
Игорь: Не хóчешь лимонáд?
Андрей: А я знáю, кто вы! Вы друг Тáни из Академгородкá!
Игорь: Прáвильно!
Андрей: Меня зову́т Андрéй.
Игорь: Игорь!
Андрей: Вы тóже интересу́етесь спóртом?
Игорь: Не тóлько интересу́юсь, но и сам занимáюсь.
Андрей: Каки́м ви́дом спóрта?
Игорь: Игрáю в волейбóл, éзжу на мотоци́кле и плáваю.
Андрей: А зимóй?
Игорь: Я плáваю зимóй и лéтом. Лéтом в откры́том бассéйне, а зимóй — в закры́том.
Таня: Андрей!
Андрей: Татьяна Андреевна.
Таня: Игорь, это сын Григория Васильевича. Пожалуйста!
Андрей: Спасибо!
Таня: Где папа и мама?
Андрей: Вон они иду́т.
Игорь: А за когó ты болéешь сегóдня?
Андрей: За спортсмéнов нáшей шкóлы.
Таня: Вáша школа тóже принимáет учáстие в соревновáниях?
Андрей: Да, два спортсмéна из деся́того клáсса.
Таня: Тогдá я тóже бу́ду болéть за вáших спортсмéнов.
Игорь: А я болéю за нáших футболи́стов из Академгородкá. Здрáвствуйте, Григорий Васильевич!
Гриша: Здравствуйте. Очень рад вас ви́деть в Москвé, Игорь. Познакóмьтесь, это Вера, моя жена́.
Вера: Здравствуйте! Таня о вас мне уже мнóго расскáзывала. Это нáша Света.
Игорь: Здрáвствуй, Света!

Света: Здра́вствуйте.
Андре́й: Па́па, спартакиа́да уже́ начина́ется!
Та́ня: Мы ещё успе́ем.

5. По́сле футбо́льного ма́тча

Гри́ша: Футбо́льный матч мне о́чень понра́вился.
И́горь: Мне то́же. Бы́ло о́чень интере́сно.
Ве́ра: А вы надо́лго прие́хали?
И́горь: На ме́сяц. Я верну́сь в Академгородо́к в ию́ле.
Гри́ша: И́горь! А у меня́ для вас прия́тная но́вость.
И́горь: Для меня́?
Гри́ша: Для вас и для Та́ни.
Та́ня: Для меня́?
Гри́ша: В сентябре́ вы е́дете в Академгородо́к.
Та́ня: В Академгородо́к? Ничего́ не понима́ю.
Гри́ша: У вас бу́дет но́вая рабо́та. Вы бу́дете рабо́тать на строи́тельстве но́вого институ́та в Академгородке́!
Та́ня: В Академгородке́! И́горь, я бу́ду рабо́тать в Академгородке́! А вы, Григо́рий?
Гри́ша: Я? Я бу́ду рабо́тать в Москве́ и в други́х города́х.

Wortregister

Abkürzungen:

m	männlich, maskulinum	*Dim.*	Diminutivum, Verkleinerungsform
w	weiblich, femininum	*uv*	unvollendet, imperfektiv
s	sächlich, neutrum	*v*	vollendet, perfektiv
(unveränd.)	unveränderlich, indeklinabel	*Adv.*	Adverb, Umstandswort
Mz	Mehrzahl, Plural		

I. Григорий возвращается домой

английский, ⌐ая, ⌐ое — englisch
Андрюша, ⌐и *m* — Andrjuscha (*Dim.* zu Андрей)
белорусский, -ая, -ое — weißrussisch
Берлин, ⌐а *m* — Berlin
буква, ⌐ы *w* — Buchstabe
ведь *Adv.* — ja, aber
вернуться *v* (-нусь, -нёшься) — zurückkehren
  uv: возвращаться
вместе *Adv.* — zusammen
возвращаться *uv* (-аюсь, -аешься) — zurückkehren
  v: возвратиться
времена года — Jahreszeiten
  время, ⌐мени *s* — Zeit
всего доброго — alles Gute
вход, ⌐а *m* — Eingang
Германская Демократическая Республика (ГДР) — DDR
германский, ⌐ая, ⌐ое — deutsch; germanisch
за границей — im Ausland
  граница, ⌐ы *w* — Grenze
Гриша, ⌐и *m* — Grischa (*Dim.* zu Григорий)
два, две — zwei
демократический, -ая, -ое — demokratisch
дочка, ⌐и *w* — Töchterchen (*Dim.* zu дочь)
Дрезден, -а *m* — Dresden
есть — es ist (3. Person Einzahl von быть)
жёсткий, ⌐ая, ⌐ое — hart
звать *uv* (зову, зовёшь) — nennen, rufen
  v: позвать
Как дети? — Wie geht es den Kindern?
комбинат, ⌐а *m* — Kombinat
конгресс, ⌐а *m* — Kongreß
Лейпциг, -а *m* — Leipzig
машина, ⌐ы *w* — Auto, Wagen; Maschine

Минск, ⌐а m	Minsk (Hauptstadt von Weißrussland)
минутка, ⌐и w	Minütchen; (*Dim.* zu минута)
мишка, ⌐и m	Bär, Teddybär
мягкий, ⌐ая, ⌐ое	weich
мяч, -а́ m	Ball
настоящий, ⌐ая, ⌐ее	echt, richtig
начаться v (-нётся, -нутся)	anfangen
uv: начинаться	
неделя, ⌐и w	Woche
обешать *uv/v* (-аю, -аешь)	versprechen
окончить v (⌐чу, ⌐чишь)	(be-)enden, abschließen
uv: оканчивать	
поездка, -и w	Reise, Fahrt
полчаса́, получа́са m	eine halbe Stunde
Всё в порядке?	Ist alles in Ordnung?
порядок, ⌐дка m	Ordnung
представить v (⌐влю, ⌐вишь)	vorstellen; vorlegen, vorweisen
uv: представлять	
проблема, ⌐ы w	Problem, Frage
производство, ⌐а s	Produktion
процесс, ⌐а m	Prozess, Hergang, Vorgang
прямо *Adv.*	direkt
работать над	arbeiten an/über
в другой раз	ein anderes Mal
на две недели раньше	zwei Wochen früher
рассказать v (-жу́, -а́жешь)	erzählen
uv: рассказывать	
рационализация, -и w	Rationalisierung
ребёнок, ⌐нка m	Kind
республика, -и w	Republik
Сколько с меня?	Wieviel bekommen Sie von mir? Wieviel macht das?
собирать *uv* (-аю, -аешь)	(ein-)sammeln
v: собрать	
строитель, -я m	Bauarbeiter, -meister, -ingenieur
строительство, -а s	Bau; Aufbau
тепло́ *Adv.*	warm; herzlich
технологи́ческий, -ая, -ое	technisch, technologisch
Узбекистан, ⌐а	Usbekistan (sowjetische Republik)
упражнение, -я s	Übung
футбольный, ⌐ая, ⌐ое	Fußball-,
школа, ⌐ы w	Schule
эффективность, -и w	Effektivität

II. В парке культуры

Академгородок, -дка́ m	Akademgorodok, «Akademikerstädtchen»
брат, ⌐а, ⌐ья, ⌐ьев m	Bruder

возража́ть *uv* (-а́ю, -а́ешь)	etw. dagegen haben, widersprechen
v: возрази́ть	
дава́ть *uv* (даю́, даёшь)	geben
v: дать	
автомоби́льный заво́д	Autofabrik
заво́д, ⌐а *m*	Fabrik, Werk
занима́ться *uv* (-а́юсь, -а́ешься)	treiben; sich beschäftigen; lernen
v: заня́ться	
значо́к, -чка́ *m*	Abzeichen; Zeichen
карусе́ль, ⌐и *w*	Karussell
колесо́, -а́ *s*	Rad; Riesenrad
лёгкая атле́тика	Leichtathletik
атле́тика, -и *w*	Athletik
ма́льчик, -а *m*	Junge, Knabe
ма́мочка, -и *w*	Mama; (*Dim.* zu мама)
меха́ник, -а *m*	Mechaniker
мла́дший, ⌐ая, ⌐ее	jünger
мне хо́чется	ich möchte
на не́сколько неде́ль	für einige Wochen
нелёгкий, ⌐ая, ⌐ое	schwierig
ни в Новосиби́рске ни в Ташке́нте	weder in Nowosibirsk noch in Taschkent
Новосиби́рск, ⌐а *m*	Nowosibirsk (sowj. Stadt in Sibirien)
новосиби́рский, -ая, -ое	zu Nowosibirsk gehörig
поигра́ть *v* (-а́ю, -а́ешь)	(eine Weile) spielen
uv: игра́ть	
поката́ться *v* (-а́юсь, -а́ешься)	(eine Weile) fahren; sich rollen, wälzen
uv: ката́ться	
продавщи́ца, ⌐ы *w*	Verkäuferin
разреши́ть *v* (-шу́, -ши́шь)	erlauben, gestatten
uv: разреша́ть	
Сиби́рь, ⌐и *w*	Sibirien
спать *uv* (сплю, спишь, спят)	schlafen
Ташке́нт, ⌐а *m*	Taschkent (Hauptstadt von Usbekistan)
Это тебе́!	Das gehört dir! Das ist für dich!
Кото́рый тепе́рь час?	Wieviel Uhr ist es jetzt?
На како́е число́?	Für den wievielten (des Monats)?

III. В бюро Аэрофлота

А́зия, ⌐и *w*	Asien
Аме́рика, -и *w*	Amerika
А́фрика, -и *w*	Afrika
аэровокза́л, ⌐а *m*	Flughafengebäude: Flughafenvertretung in der Stadt
аэропо́рт Домоде́дово	Domodedowo-Flughafen
за биле́тами	um Fahrkarten zu kaufen
биле́т, ⌐а *m*	Fahrkarte, Flugkarte
благодари́ть *uv* (-рю́, -ри́шь)	danken
v: поблагодари́ть	

борт, ⊸а *m*	Bord
бюро *(unveränd.)* *s*	Büro
вертолёт, ⊸а *m*	Hubschrauber
взять с собой	(mit sich) nehmen
по московскому времени	nach Moskauer Zeit
В какое время?	Um wieviel Uhr? Wann?
вылет, -а *m*	Abflug
государство, ⊸а *s*	Staat
движение, -я *s*	Verkehr; Bewegung
дедушка, -и *m*	Großvater
деревня, ⊸и *w*	Dorf
долететь *v* (-чу, -тишь)	fliegen bis
uv: долетать	
Европа, ⊸ы *w*	Europa
ежедневно *Adv.*	täglich, jeden Tag
идти *uv* (иду, идёшь, идут)	gehen
идёмте!	Laßt uns gehen!
конструктор, -а *m*	Konstrukteur
во все концы Советского Союза	in alle Teile der Sowjetunion
конец, -ца *m*	Ende
Вы куда?	Wohin gehen Sie?
Ленинградский проспект	Leningrader Prospekt (Straße in Moskau)
метро *(unveränd.)* *s*	U-Bahn
миллион, ⊸а *m*	Million
Не может быть.	Das kann nicht sein.
Можно?	Ist es erlaubt?
мочь *uv* (могу, можешь, могут)	können
v: смочь	
аэропорт назначения	Bestimmungsflughafen
назначение, -я *s*	Bestimmung
на следующей неделе	in der nächsten Woche
немолодой, -ая, -ое	alt
Ну, что вы!	Nicht doch!
обед, ⊸а *m*	Mittagspause; Mittagessen
отправляться *uv* (-яюсь, яешься)	abgehen, abfahren; aufbrechen
v: отправиться	
плохо *Adv.*	schlecht
поздно *Adv.*	(zu) spät
полететь *uv/v* (-лечу, -тишь)	(anfangen zu) fliegen
предложить *v* (-жу, -ожишь)	anbieten, vorschlagen
uv: предлагать	
прибывать *uv* (-аю, -аешь)	ankommen, eintreffen
v: прибыть	
прилетать *uv* (-аю, -аешь)	mit dem Flugzeug ankommen; anfliegen
v: прилететь	
продать *v* (-дам, -дашь)	verkaufen
uv: продавать	
проехать *v* (-еду, -едешь)	fahren zu
uv: проезжать	

проходи́ть *uv* (-хожу́, -хо́дишь, -хо́дят)	verlaufen; durchgehen
v: пройти́	
Счастли́вого пути́!	Glückliche Reise!
ещё раз	noch einmal
ра́зный, ⌒ая, ⌒ое	verschieden, unterschiedlich
расписа́ние, -я *s*	Liste, Plan; Verzeichnis
рейс, ⌒а *m*	Flug; Fahrt, Reise
сконструи́ровать *v* (-у́ю, -у́ешь)	konstruieren
uv/*v*: конструи́ровать	
ско́рость, -и *w*	Geschwindigkeit
слу́жащая, -ей *w*	Angestellte
Смотри́-ка!	Schau mal!
специали́ст, ⌒а *m*	Fachmann, Spezialist
спра́вочное бюро́	Informationsbüro
спра́вочный, -ая, -ое	Auskunfts-, Nachschlage-
стать *v* (ста́ну, ⌒нешь)	werden; beginnen
uv: станови́ться	
тип, ⌒а *m*	Typ
с удово́льствием	gern, mit Vergnügen

IV. В аэропорту́ Домоде́дово

Алма́-Ата́ *w*	Alma-Ata (Hauptstadt von Kasachstan)
бага́ж, -а́ *m*	Gepäck
Баку́ (*unveränd.*)	Baku (Hauptstadt von Aserbaidschan)
беспла́тно *Adv.*	gratis, kostenlos
Бра́тск, -а *m*	Bratsk (sowj. Stadt in Sibirien)
бутербро́д, ⌒а *m*	Sandwich; Butterbrot
галере́я, ⌒и *w*	Gang; Galerie
громкоговори́тель, -я *w*	Lautsprecher
ве́сить *uv*/*v* (ве́шу, ве́сишь, ве́сят)	wiegen, Gewicht haben
води́тель, -я *m*	Fahrer
Дава́йте пойдём!	Kommt, wir gehen!
далеко́ *Adv.*	weit entfernt
да́льше *Adv.*	weiter
доплати́ть *v* (-ачу́, -а́тишь, -а́тят)	aufzahlen; zuzahlen
uv: допла́чивать	
доста́ть *v* (-ста́ну, ⌒нешь)	bekommen; erstehen, kaufen
uv: достава́ть	
Ирку́тск, ⌒а *m*	Irkutsk (sowj. Stadt in Sibirien)
космона́вт, ⌒а *m*	Kosmonaut
Ле́йпцигская я́рмарка	Leipziger Messe
мину́точка, -и *w*	Minütchen (*Dim.* zu мину́та)
мно́жественное число́	Mehrzahl
число́, -а́ *s*	Zahl
мо́жет быть	kann sein
нелегко́ *Adv.*	schwierig, nicht leicht

объяви́ть v (-явлю́, -я́вишь, -я́вят)	anzeigen, bekannt machen
uv: объявля́ть	
официа́нтка, ⌐и w	Kellnerin
полёт, ⌐а m	Flug
поса́дка, ⌐и w	Einsteigen, Einschiffung
поста́вить v (⌐влю, ⌐вишь, ⌐вят)	hinstellen
uv: ста́вить	
приблизи́тельно Adv.	ungefähr, etwa
приме́р, а m	Beispiel
прода́жа, ⌐и w	Verkauf
производи́ться uv (-во́дится, -да́тся)	ausgeführt/durchgeführt werden
v: произвести́сь	
в пе́рвый ра́з	zum ersten Mal
регистра́ция, -и w	Einchecken; Registrierung
Свердло́вск, ⌐а m	Swerdlowsk (sowj. Stadt am Ural)
сра́зу Adv.	sofort
стака́н, ⌐а m	Glas
стать пило́том	Pilot werden
сто́йка, ⌐и w	Stützpfeiler
тало́н, ⌐а m	Kupon; Bon, Abschnitt
дать телегра́мму в	ein Telegramm aufgeben nach
телегра́мма, ⌐ы w	Telegramm
тепе́рь Adv.	jetzt
тяжёлый, ⌐ая, ⌐ое	schwer

V. Старые друзья

администра́тор, -а m	Empfangschef; Verwalter
ассисте́нтка, -и w	Assistentin
брига́да, ⌐и w	Brigade, Arbeitsgruppe
бы́стро Adv.	schnell
в то вре́мя	zu der Zeit
Всё хорошо́, что хорошо́ конча́ется!	Ende gut, alles gut!
вы́расти v (-сту, -тешь)	wachsen; groß werden; anwachsen
uv: расти́, вырас та́ть	
геогра́фия, -и w	Geographie
гла́вный, ⌐ая, ⌐ое	Haupt-, Ober-,
Дворе́ц культу́ры	Kulturpalast
Как вы живёте?	Wie geht es euch?
изве́стный, -ая, -ое	berühmt, bekannt
меня́ интересу́ет	mich interessiert
на два́ ме́ста	für zwei Plätze
многоэта́жный, ⌐ая, ⌐ое	mehrstöckig
наро́дное хозя́йство	Volkswirtschaft
хозя́йство	Wirtschaft
нау́ка, ⌐и w	Wissenschaft
нау́чный, ⌐ая, ⌐ое	wissenschaftlich
Новоникола́евск, -а m	Nowonikolajewsk (früherer Name von Nowosibirsk)

но́мер на два ме́ста	Zweibettzimmer, Doppelzimmer
но́мер, -а	Nummer, Zimmer
оши́бка,⌣ и *w*	Fehler, Versehen
пе́рвый раз	zum ersten Mal, das erste Mal
ра́з, ⌣а *m*	Mal
перевести́ часы́ вперёд	die Uhr vorstellen
перевести́ *v* (-ду́, -дёшь, -ду́т)	versetzen; übersetzen
uv: переводи́ть	
под руково́дством	unter der Leitung
руково́дство, -а *s*	Leitung, Führung
пое́хать *v* (-е́ду, -е́дешь)	fahren
uv: е́хать	
Пое́хали!	Kommt, fahren wir!
Добро́ пожа́ловать!	Herzlich willkommen!
поликли́ника, -и *w*	Poliklinik
по́мощь, -и *w*	Hilfe
в после́дние го́ды	in den letzten Jahren
пра́ктика, -и *w*	Praktikum
предложе́ние, -я *s*	Vorschlag
Я прие́ду за ва́ми.	Ich werde Sie abholen.
принима́ть *uv* (-а́ю, -а́ешь)	annehmen
v: приня́ть	
принима́ть уча́стие	teilnehmen
промы́шленный, -ая, -ое	Industrie-, industriell
Вре́мя прошло́ бы́стро.	Die Zeit verging schnell.
пройти́ *v* (-ду́, -дёшь, -ду́т)	vergehen
uv: проходи́ть	
ро́дина, -ы *w*	Heimat
роди́ться *uv*/*v* (-жу́сь, -ди́шься)	geboren werden; entstehen, gedeihen
uv auch: рожда́ться	
де́тский сад	Kindergarten
са́д, ⌣а *m*	Garten
сибиря́к, -а́ *m*	Sibirier
созда́ть *v* (-да́м, -да́шь)	gründen, schaffen
uv: создава́ть, созида́ть	
строи́тельство, -а *s*	Bau, Aufbau
по суббо́там	sonntags
суббо́та, -ы *w*	Sonntag
тахта́, -ы́ *w*	Diwan, Liege
техноло́гия, -и *w*	Technologie
быть студе́нтом	Student sein
удо́бно *Adv.*	bequem
учёный, ⌣ого *m*	Gelehrter, Wissenschaftler
Хаба́ровск, -а *m*	Chabarowsk (sowj. Stadt in Sibirien)
ци́рк, ⌣а *m*	Zirkus
что́ за	was für ein

VI. В командировке в Новосибирске

бригади́р, ⌐а *m*	Brigadier
всё ещё	immer noch
выпи́сывать *uv* (-а́ю, -а́ешь)	(Zeitung) abonnieren
v: вы́писать	
гого́виться *uv* (⌐влю́сь, ⌐ви́шься)	sich vorbereiten
гра́фик, -а *m*	graphische Darstellung, Graphik
Дворе́ц спо́рта	Sportpalast
дворе́ц, -рца́ *m*	Palast
Евге́ний Оне́гин	Eugen Onegin (Oper von Tschaikowskij)
по доро́ге	auf dem Weg
доро́га, ⌐и *w*	Weg
кабине́т, -а *m*	Büro, Arbeitszimmer
конве́рт, ⌐а *m*	Umschlag, Kuvert
люби́мый, ⌐ая, ⌐ое	Lieblings-, bevorzugt
информа́ция, -и *w*	Information
ме́лочь, -и *w*	Kleinigkeit; Kleingeld
но́вость, -и *w*	Neuigkeit
объе́кт, ⌐а *m*	Objekt
о́пера, -ы *w*	Oper
организова́ть *uv/v* (-зу́ю, -зу́ешь)	organisieren
пла́вательный бассе́йн	Schwimmbecken
послу́шать *v* (⌐аю, ⌐аешь)	(zu-)hören
uv: слу́шать	
почита́ть *v* (-а́ю, -а́ешь)	(ein wenig, eine Zeitlang) lesen
uv: чита́ть	
почто́вая ма́рка *w*	Briefmarke
Приве́т, Ко́ля!	Grüß dich, Kolja!
ру́чка, ⌐и *w*	Federhalter
Я могу́ дать вам сда́чу.	Ich kann Ihnen herausgeben.
сда́ча, ⌐и *w*	Kleingeld
све́жий, ⌐ая, ⌐ее	neu; frisch
сего́дняший, -яя, -ее	heutig
совсе́м не	überhaupt nicht, gar nicht
соревнова́ние, -я	Wettbewerb
стро́иться *uv* (⌐юсь, ⌐ишься)	gebaut werden
v: постро́иться	
идёт строи́тельство	es wird gebaut
цвет, ⌐а *w*	Blume

Изве́стия	
Комсомо́льская пра́вда	sowj. Zeitungen
Литерату́рная газе́та	
Пионе́рская пра́вда	

Крокоди́л, -а	
Огонёк, -нка́	sowj. Zeitschriften
Сове́тский Сою́з	
Те́хника молодёжи	

VII. В Академгородке

автоматизáция, ⌐и *w*	Automatisierung
автомотоклýб, ⌐а *m*	Automobilklub
автомотоспóрт, ⌐а *m*	Auto- und Motorsport
акадéмик, -а *m*	Mitglied der (sowj.) Akademie der Wissenschaften
афи́ша, ⌐и *w*	Plakat
бéгать на конькáх	Schlittschuh laufen
води́ть маши́ну *uv* (вожý, ⌐дишь)	Auto lenken
городóк, -дкá *m*	Städtchen (*Dim.* zu город)
Давáй зайдём!	Komm, gehn wir eben rein!
ди́ктор, -а *m*	Ansager, Sprecher
дóктор наýк	etwa: Dr. habil.
золотáя доли́на	goldenes Tal
ДОСААФ (Всесою́зное Краснознáменное добровóльное общество содéйствия áрмии, áвиации и флóту)	DOSAAF (Vereinigung der Träger des Rotbannerordens)
дрéвний, ⌐яя, ⌐ее	alt; antik; uralt
киножурнáл, ⌐а *m*	Wochenschau
кружóк, -жкá *m*	Zirkel, Arbeitsgruppe
матемáтика, -и *w*	Mathematik
мéстный, ⌐ая, ⌐ое	örtlich, lokal
мотоци́кл, ⌐а *m*	Motorrad
научи́ться *v* (-чýсь, ⌐чишься) *uv*: учи́ться	(er-) lernen
мне нýжно	ich brauche
они́ мне нужны́	ich brauche sie
оборóна, ⌐ы *w*	Verteidigung; Schutz
óбщество, -а *s*	Gesellschaft
осмáтривать *uv* (-аю, -аешь) *v*: осмотрéть	besichtigen
пéрвенство, -а *s*	Meisterschaft
перчáтка, ⌐и *w*	Handschuh
плáвать *uv* (-аю, -аешь)	schwimmen
победи́тель, -я *m*	Sieger
пóмнить *uv* (пóмню, ⌐нишь)	sich erinnern
порáньше *Adv.*	etwas eher
прогýлка, ⌐и *w*	Spaziergang
реферáт, ⌐а *m*	Referat, Vortrag
салфéтка, ⌐и *w*	Serviette
сеáнс, ⌐а *m*	Kinovorstellung
не совсéм *Adv.*	nicht ganz
стреля́ть *uv* (-я́ю, -я́ешь) *v*: стрельнýть	schießen; *v*: einmal schießen
Таню́ша, ⌐и *w*	Tanjuscha (*Dim.* zu Таня)
ую́тный, ⌐ая, ⌐ое	gemütlich

фи́зика, -и *w*	Physik
фильм идёт	der Film läuft
фи́ниш, -а *m*	Finish (im Sport)
член, -а *m*	Mitglied
ходи́ть на лы́жах	skilaufen

VIII. Зимний день в Сибири

боле́ть *uv* (-е́ю, -е́ешь)	krank sein
Вперёд!	Vorwärts!
за́ город	ins „Grüne"
гра́дус, -а *m*	Grad
искупа́ться *v* (-а́юсь, -а́ешься)	schwimmen, baden
uv: купа́ться	
киломе́тра два	ungefähr 2 Kilometer
наде́ть *v* (наде́ну, ⌒нешь)	anziehen, überziehen
uv: надева́ть	
О́бское мо́ре	See in der Nähe von Nowosibirsk
организа́ция, ⌒и *w*	Organisation
в па́мять	zur Erinnerung
перепи́сываться *uv* (-аюсь, -аешься)	korrespondieren
v: переписа́ться	
пого́да, ⌒ы *w*	Wetter
в таку́ю пого́ду	bei solchem Wetter
пока́ *Adv.*	vorläufig, einstweilen
За рабо́ту!	An die Arbeit!
са́ни, -е́й *w*, *Mz*	Schlitten
сиби́рский, -ая, -ое	sibirisch
ско́ро *Adv.*	bald
шёл снег	es hat geschneit
сне́жная ба́ба	Schneemann
собира́ться *uv* (-а́юсь, -а́ешься)	sich anschicken, etwas zu tun
v: собра́ться	
Стой!	Halt! Bleib stehen!
уме́ть *uv/v* (-е́ю, -е́ешь)	können, vermögen

IX. В Ташкенте

архите́ктор, -а *m*	Architekt
Белору́ссия, -и *w*	Weißrussland
Болга́рия, -и *w*	Bulgarien
верну́ться *v* (-у́сь, -ёшься)	zurückkehren
uv: возвраща́ться	
Вьетна́м, ⌒а *m*	Vietnam
Я за́!	Ich bin dafür!
за после́дние го́ды	in den letzten Jahren
за хоро́шую рабо́ту	für die gute Arbeit
зда́ние в 20 этаже́й	zwanzigstöckiges Gebäude
землетрясе́ние, -я *s*	Erdbeben

из-за границы	aus dem Ausland
иметь *uv/v* (-éю, -éешь)	haben, besitzen
исторический, -ая, -ое	historisch
Казахстан, ⌐а *m*	Kasachstan
киргизский, -ая, -ое	kirgisisch
напротив *Adv.*	gegenüber
национальный колорит	Nationalkolorit
небольшой, -áя, -óе	klein
область, -и *ж*	Gebiet
палатка, ⌐и *ж*	Zelt
послать *v* (пошлю́, -ёшь) *uv*: посылать	schicken; übermitteln
пельмени, ⌐ей *m, Mz*	gefüllte Klößchen
на первое	als 1. Gang
Польская Народная Республика	Volksrepublik Polen
помощник, -а *m*	Gehilfe, Assistent
порция, -и *ж*	Portion
правительство, -а *s*	Regierung
привезти́ *v* (-зу́, -зёшь) *uv*: привозить	heranfahren, bringen
разрушить *v* (⌐шу, ⌐шишь) *uv*: разрушать	zerstören
Совет Министров Узбекской ССР	Ministerrat der Usbekischen Sozialistischen Sowjetrepublik
солянка, -и *ж*	dicke Fisch- oder Fleischsuppe
специалист, -а *m*	Spezialist
среди них	darunter, unter ihnen
на счастье народа	zum Wohle des Volkes
такой же как	derselbe wie
Ташкенец, ⌐нца *m*	Bewohner Taschkents
Туркмения, -и *ж*	Turkmenien
Узбекская Советская Социалистическая Республика	Usbekische Sozialistische Sowjetrepublik
украинский, -ая, -ое	ukrainisch
факультет, -а *m*	Fakultät
форма, -ы *ж*	Form
Харьков, -а *m*	Charkow (Stadt in der Ukraine)
Центральный Комитет Комсомола	Zentralkomitee des Komsomol
часть, ⌐и *ж*	Teil
Чехословакия, -и *ж*	Tschechoslowakei

X. В ресторане

абрикос, ⌐а *m*	Aprikose
балет, ⌐а *m*	Ballett
выбирать *uv* (-áю, áешь) *v*: вы́брать	auswählen
в этот день	an diesem Tag
День Советской Армии	Tag der Sowjetarmee

днём	tagsüber; mittags
зако́нчить *v* (⸺чу, ⸺чишь)	beenden
uv: зака́нчивать	
вы́пить за здоро́вье	auf das Wohl trinken
гото́вить *uv* (⸺влю, ⸺вишь)	hier: kochen
v: подгото́вить	
от и́мени на́шей брига́ды	im Namen unserer Brigade
инструме́нт, ⸺а *m*	Instrument
колле́кция, -и *w*	Sammlung
кры́ша, ⸺и *w*	Dach
ма́стер, -а *m*	Meister
мы с Та́ней	Tanja und ich
немно́жко *Adv.*	ein wenig
ночно́й, -а́я, -о́е	Nacht-; nächtlich
пе́сня, -и *w*	Lied
День побе́ды	Jahrestag des Sieges
поду́мать *v* (⸺аю, ⸺аешь)	(einige Zeit) nachdenken; denken
uv: ду́мать	
пра́здник Пе́рвого ма́я	Maifeiertag; 1. Mai
Я ничего́ не име́ю про́тив.	Ich habe nichts dagegen.
рационализа́ция, -и *w*	Rationalisierung
рис, ⸺а *m*	Reis
руба́б, ⸺а *m*	Musikinstrument
спеть *v* (спою́, споёшь)	singen
uv: петь	
тюбете́йка, -и *m*	Käppchen
по-узбе́кски	auf usbekische Art

XI. Экску́рсия на Ташке́нтское мо́ре

агроно́м, ⸺а *m*	Landwirtschaftsexperte
Кра́сная А́рмия	Rote Armee
ба́бушка, -и *w*	Großmutter
Вели́кая Оте́чественная война́	Großer Vaterländischer Krieg (II. Weltkrieg)
во вре́мя экску́рсии	während des Ausflugs
выра́щивать *uv* (-аю, -аешь)	ziehen (Pflanzen)
v: вы́растить	
геро́й, -я *m*	Held
в тридца́тые го́ды	in den dreißiger Jahren
солда́тские депута́ты	Soldatenabgeordnete
доро́га, ⸺и *w*	Weg
есть *uv* (ем, ешь)	essen
v: съесть	
зелёный, -ая, -ое	grün
игра́ть в мяч	Ball spielen
кишла́к, -а́ *m*	Dorf in Mittelasien
колхо́з, ⸺а *m* (коллекти́вное хозя́йство)	Kolchos (Kollektivwirtschaft)

команди́р, ⌐а *m*	Kommandant
комисса́р, ⌐а *m*	Kommissar
коммуни́ст, ⌐а *m*	Kommunist
костёр, -тра́ *m*	Lagerfeuer
напи́ток, ⌐тка *m*	Getränk
о́вощи, -ей *w, Mz*	Gemüse
партиза́н, ⌐а *m*	Partisan
пласти́нка, ⌐и *w*	Schallplatte
плов, ⌐а *m*	Pilaw
погуля́ть *v*	spazierengehen
(-я́ю, -я́ешь)	
uv: гуля́ть	
подожда́ть *v* (-ду́, -дёшь)	warten
uv: ждать	
получи́ть в пода́рок	als Geschenk erhalten
попро́бовать *v* (⌐бую, ⌐уешь)	versuchen
uv: про́бовать	
попроси́ть *v* (-шу́, ⌐сишь)	bitten
uv: проси́ть	
Подмоско́вье, -я *s*	Umgebung von Moskau
по́ле, ⌐я *s*	Feld
Вы пра́вы.	Sie haben Recht.
председа́тель, -я *m*	Vorsitzender
во второ́й раз	zum zweiten Mal
расска́з, ⌐а *m*	Erzählung
расти́ *uv* (-ту́, -тёшь)	wachsen
v: вы́расти	
свобо́да, ⌐ы *w*	Freiheit
служи́ть в а́рмии офице́ром	als Offizier in der Armee dienen
снима́ть *uv* (-а́ю, -а́ешь)	ausziehen
v: снять	
сове́т рабо́чих	Arbeiterrat
станцева́ть *v* (-цу́ю, -у́ешь)	tanzen
uv: танцева́ть	
счастли́вый, ⌐ая, ⌐ое	glücklich
счёт, ⌐а *m*	Rechnung; Ergebnis (Sport)
Ташке́нтский, -ая, -ое	zu Taschkent gehörig
туркеста́нский, -ая, -ое	turkestanisch
узбе́к, ⌐а *m*	Usbeke
умере́ть *v* (умру́, умрёшь)	sterben
uv: умира́ть	
услы́шать *v* (⌐шу, ⌐шишь)	hören, vernehmen
uv: слы́шать	
чайхана́, -ы́ *w*	Teestube

XII. В универма́ге

альбо́м, ⌐а *m*	Album
в э́то вре́мя	zu dieser Zeit

выбрать v (⌐беру, ⌐берешь) auswählen
   uv: выбирать
девочка, -и w (kleines) Mädchen
жёлтый, -ая, -ое gelb
заметить v (⌐чу, ⌐тишь) bemerken
   uv: замечать
коричневый, -ая, -ое braun
матрёшка, -и w Matrjoschka (Puppe in der Puppe)
мотив, ⌐а m Motiv
неплохо Adv. nicht schlecht
остановка, -и w Haltestelle
отдел готового платья Konfektionsabteilung
на несколько минут позже einige Minuten später
Ты права Света. Du hast Recht, Sweta.
проспект Кадинина Kalininprospekt (Straße in Moskau)
оно хорошо сидит es sitzt gut (Kleidungsstück)

XIII. В Берлине

академия, -и w Akademie
Бранденбургские ворота Mz Brandenburger Tor
воин, ⌐а m Krieger, Kämpfer
государственный, -ая, -ое staatlich, Staats-,
граница, -ы w Grenze
туристская группа Touristengruppe
демонстрация, -и w Demonstration
дружба, ⌐и w Freundschaft
дружить uv (-жу, ⌐жишь) befreundet sein
   v: подружить
За вас! Auf Ihr Wohl!
За наших гостей! Auf das Wohl unserer Gäste!
знать по фотографиям von Fotografien her kennen
коллега, ⌐и m Kollege
Москва-река Moskwa (Fluß)
на неделю für eine Woche
пионерка, ⌐и w (weibl.) Pionier
погибнуть v (⌐ну, ⌐нешь) umkommen
   uv: гибнуть
Посольство Советского Союза Botschaft der Sowjetunion
прошлый, ⌐ая, ⌐ое vergangen
прошу вас за стол ich bitte Sie zu Tisch
руководитель, -я m Leiter, Führer
Государственный Совет Staatsrat
телебашня, ⌐и w Fernsehturm
Берлинский университет имени Гумбольдта Berliner Humboldt-Universität
холодный, ⌐ая, ⌐ое kalt
мне не хочется ich möchte nicht
самый центр das eigentliche Zentrum
электричество, -а s Elektrizität

XIV. Берлинские строители в Москве

аппендици́т, ⌐а *m*	Blinddarmentzündung
Не беспоко́йся за меня́!	Sorg Dich nicht um mich!
Не беспоко́йтесь!	Beunruhigen Sie sich nicht!
больни́ца, -ы *w*	Krankenhaus
Ве́рочка, -и *w*	Verotschka (*Dim.* zu Вера)
де́лать опера́цию	operieren
заболе́ть *v* (-е́ю, -е́ешь)	erkranken
uv: заболева́ть	
Ле́нинские го́ры	Leninberge (in Moskau)
Ма́лый теа́тр	Kleines Theater
медсестра́, -ы́ *w*	Krankenschwester
операцио́нный зал	Operationssaal
ордина́торская, -ой *v*	Behandlungszimmer
осма́тривать *uv* (-аю, -аешь)	untersuchen; besichtigen
v: осмотре́ть	
пара́д, ⌐а *m*	Parade
пло́щадь Свердло́ва	Swerdlow-Platz
Спа́сская ба́шня	Spasskij-Turm
театра́льная пло́щадь	Theaterplatz
Центра́льный де́тский теа́тр	Zentrales Kindertheater

XV. В молодёжном клубе

ве́ра, -ы *w*	Glaube
весёлый, -ая, -ое	fröhlich
вы́ступить *v* (-плю, -пишь)	auftreten; heraustreten
uv: выступа́ть	
горди́ться *uv* (горжу́сь, -ди́шься)	stolz sein
Ле́нинские Го́рки	Leninskije Gorki (Stadt in der RSFSR)
декора́тор, -а *m*	Dekorateur
зарабо́тать *v* (⌐аю, ⌐аешь)	verdienen
uv: зараба́тывать	
интервью́ *(unveränd.)*	Interview
комсомо́лец, ⌐льца *m*	Komsomolze
любо́вь, **-бви́** *w*	Liebe
маля́р, -а́ *m*	Maler
наде́жда, -ы *w*	Hoffnung
необходи́мый, -ая, -ое	erforderlich; nötig
осмо́тр, ⌐а *m*	Untersuchung; Besichtigung
помеще́ние, -я *s*	Gebäude; Unterbringung
площа́дка, ⌐и *w*	Platz (für einen best. Zweck)
приз, ⌐а *m*	Preis (als Gewinn)
Смо́льный, ⌐ого *m*	Smolnyj (in Leningrad)
секрета́рь, -я́ *m*	Sekretär
собра́ние, ⌐я *s*	Versammlung
согласи́ться *v* (-шу́сь, -си́шься)	einverstanden sein
uv: соглаша́ться	

создавать *uv* (-даю́, -даёшь)	gründen
v: созда́ть	
спо́рить *uv* (⌐рю, ⌐ишь)	streiten
v: поспо́рить	
стих, -а́ *m*	Gedicht
строи́тельный, -ая, -ое	Bau-,
устра́ивать *uv* (-аю, -аешь)	veranstalten
v: устро́ить	
худо́жественная самоде́ятельность	Laienkunst
Эйслебен, -а *m*	Eisleben

XVI. На строительстве в Таджикиста́не

бе́рег, -а *m*	Ufer
Бу́дьте счастли́вы!	Viel Glück!
генера́торная ста́нция	Generatorenstation
ГЭС (гидроэлектроста́нция)	Wasserkraftwerk
да́мба, ⌐ы *w*	Damm
деви́з, ⌐а *m*	Devise
до́мик, -а *m*	Häuschen *(Dim.* zu дом)
Душанбе́ *(unveränd.)*	Duschambe (Hauptstadt von Tadschikistan)
желе́зная доро́га	Eisenbahn
жени́ться *uv* (женю́сь, -ни́шься)	heiraten
v: пожени́ться	
заплани́ровать *v* (-рую, -уешь)	planen
uv: плани́ровать	
кана́л, ⌐а *m*	Kanal
ключ, -а́ *m*	Schlüssel
комите́т па́ртии	Parteikomitee
кро́ме того́	außerdem
Маяко́вский, -ого *m*	Wladimir W. Majakowskij (sowj. Dichter, 1893—1930)
молода́я па́ра	junges Paar
Нуре́к, -а *m*	Nurek (Stadt in Tadschikistan)
плоти́на, ⌐ы *w*	Staudamm
промы́шленность, -и *w*	Industrie
пожела́ть *v* (-а́ю, -а́ешь)	wünschen
uv: жела́ть	
река́, -и́ *w*	Fluß
сва́дьба, ⌐ы *w*	Hochzeit
тра́нспорт, -а *m*	Transport
тунне́ль, -я *m*	Tunnel
турби́на, -ы *w*	Turbine
ширина́, -ы́ *w*	Breite
шлюз, ⌐а *m*	Schleuse

XVII. В Московском телецентре

бо́льше всего́ *Adv.*	am meisten
высо́тное зда́ние	Hochhaus
коммуни́зм, ⌐а *m*	Kommunismus
молодёжный, -ая, -ое	Jugend-,
нау́чно-популя́рный фильм	Dokumentarfilm
не́сколькие	einige
Оста́нкино *(unveränd.)*	Ostankino (Stadtteil in Moskau)
полити́ческий, -ая, -ое	politisch
програ́мма телевизио́нных переда́ч	Fernsehprogramm
собы́тие, -я *s*	Ereignis
совреме́нный, -ая, -ое	modern
те́ма, ⌐ы *w*	Thema
стро́йка, ⌐и *w*	Bauplatz
телерепорта́ж, -а *m*	Fernsehreportage
телеспекта́кль, ⌐я *m*	Fernsehspiel
телефи́льм, ⌐а *m*	Fernsehzentrum
телеце́нтр, ⌐а *m*	Fernsehfilm
уче́бный, -ая, -ое	Lehr-,
худо́жественный фильм	Spielfilm
цветно́й телеви́зор	Farbfernseher

XVIII. На стадионе

баскетбо́л, ⌐а *m*	Basketball
боле́ть за кома́нду	«für» eine Mannschaft sein
всесою́зный, -ая, -ое	allunions-,
гимна́стика, -и *w*	Gymnastik
Лу́жники *Mz*	Luschniki-Park
надо́лго *Adv.*	für eine lange Zeit
спартакиа́да, -ы *w*	Spartakiade
спортсме́нка, -и *w*	Sportlerin
на стадио́не	im Stadion
тренирова́ть *uv* (-ру́ю, -у́ешь)	trainieren
футболи́ст, ⌐а *m*	Fußballspieler